הקדמות למתחילים בלימוד קבלה

PRINCIPIOS PARA ESTUDIANTES DE CÁBALA PRINCIPIANTES

RABBÍ IOSEF ERGAS

הקדמות למתחילים בלימוד קבלה

PRINCIPIOS PARA ESTUDIANTES
DE CÁBALA PRINCIPIANTES

EDICIONES OBELISCO

Si este libro le ha interesado y desea que le mantengamos informado de nuestras publicaciones, escríbanos indicándonos qué temas son de su interés (Astrología, Autoayuda, Psicología, Judaísmo, Medicinas alternativas, Espiritualidad, Tradición…) y gustosamente le complaceremos.

Puede consultar nuestro catálogo en www.edicionesobelisco.com

Colección Càbala y judaísmo
PRINCIPIOS PARA ESTUDIANTES DE CÁBALA PRINCIPIANTES
Rabbí Iosef Ergas

1.ª edición: septiembre de 2025

Traducción: *Juli Peradejordi*
Maquetación: *Isabel Also*
Diseño de cubierta: *Carol Briceño*

© 2025, Ediciones Obelisco, S.L.
(Reservados los derechos para la presente edición)

Edita: Ediciones Obelisco, S.L.
Collita, 23-25. Pol. Ind. Molí de la Bastida
08191 Rubí - Barcelona - España
Tel. 93 309 85 25
E-mail: info@edicionesobelisco.com

ISBN: 978-84-1172-266-7
DL B 2324-2025

Impreso en los talleres gráficos de Romanyà/Valls S.A.
Verdaguer, 1 - 08786 Capellades - Barcelona

Printed in Spain

PRESENTACIÓN

El texto cuya traducción hoy presentamos al lector amante de los asuntos cabalísticos, se autodefine como un libro para «estudiantes de cábala principiantes». No se trata de un tratado de cábala al uso, resultado de la sabiduría y experiencia de un cabalista avezado, más bien parece, como ocurre de hecho con muchos otros textos,[1] unos apuntes de un estudiante, apuntes que comparte con sus amigos y sus lectores.

Nos hallamos ante un libro esencialmente técnico que intenta recopilar y resumir las enseñanzas de Isaac Luria, el Arizal, como su autor se encarga de recordarnos al principio del libro. El hecho de hablar de sí mismo como «el joven Ergas», y el estilo mismo del texto, nos delatan que se trata de una obra de juventud del que acabaría siendo un gran cabalista, Iosef ben Emmanuel

---

1. Como, por ejemplo, textos tan importantes como el *Sefer haBahir* o el *Sefer Yetzirah*, que más bien parecen apuntes que un tratado elaborado.

Ergas, que dominaba la *Torah*, la *Halajah* y el Talmud, aunque sabemos que ya desde muy pequeño nuestro autor fue considerado un niño prodigio. A parte de alguna referencia al *Pardes Rimonim* del Arizal, lo parafrasea en innumerables ocasiones, lo cual fortalece la idea de que se trata de unos apuntes. En otras de sus obras cita a menudo a otro gran cabalista de Safed, Rabbí Moisés Cordovero.

No hay cábala sin *Torah*, dicen los sabios; no se puede acceder a la sabiduría de la cábala sin pasar por la sabiduría de la *Torah*. Esto es algo en lo que parecen no haber reparado tantos y tantos «cabalistas de Internet» modernos o defensores de sistemas cabalísticos alejados de la cultura judeocristiana.

Ergas es plenamente consciente de que el *Tanaj* está compuesto por veinticuatro libros, y confecciona su tratado en veinticuatro apartados. No se trata de una casualidad, sino de algo premeditado. El número veinticuatro en hebreo se escribe *Kad* (כד), que significa «cántaro». Para algunos cabalistas aludiría a los 24 libros que componen el *Tanaj,* que contiene a la *Torah*, que es comparada con el agua.

Iosef ben Emmanuel Ergas (1685-1730) fue rabino, talmudista y cabalista, y autor de varios libros sobre temas halájicos y cabalísticos que tendrían una gran influencia entre sus coetáneos y los cabalistas que le sucedieron. Ergas, de ascendencia marrana, nació en Livorno, en la Toscana, descendiente de una noble familia de origen español. Actualmente este apellido casi no está presente en España, pero todavía tenemos Ergas en los Estados Unidos, Turquía, Chile o Israel. Este apellido también lo encontramos como Ergaz e incluso Erkez.

Sabemos que Ergas estudió *halajah* en la academia de Shmuel Di Paz y, más tarde, con Benjamin haCohen Vitale de Reggio que fue quien lo introdujo en el mundo de la cábala, que estaba muy de moda en la Italia de principios del XVIII. Después de viajar por todo el país predicando en diversas sinagogas, acabó asentándose en Pisa donde fundaría *Neveh Shalom*, un centro-escuela en el que impartiría sus enseñanzas. Más tarde fue nombrado rabino de Livorno, ciudad en la que viviría hasta su muerte. La influencia de Ergas fue importantísima, y sin duda su alumno más aventajado fue el rabino Malaki haCohen, autor de una obra enciclopédica, *Iad Malaki*.

En 1704 se casó con Sarah, hija de Avraham Miranda, también sefardí, y tuvieron tres hijos y tres hijas. El entonces *Jajam* Iosef Ergas se mudó a la ciudad de Reggio. En 1710, Nehemías Haya Hayon,[2] original de Sarajevo aunque probablemente nacido en Egipto, y sospechoso de sabbatismo, llegó a la ciudad de Livorno. Ergas se

---

2. Tras la muerte de su primera esposa, Hayon se casó con la hija de uno de los eruditos de Safed. Hayon era versado tanto en tradiciones exotéricas como esotéricas. Desde su juventud se sintió atraído por la Cábala y estaba íntimamente familiarizado con los grupos sabbatianos. Su doctrina cabalística eludía la cuestión de las pretensiones mesiánicas de Shabbetai Ẓevi, pero se basaba en principios comunes al sabbatanismo.

opuso a él, hasta que éste fue expulsado de la ciudad. Nehamias Haya Hayon se instaló en Ámsterdam e imprimió allí libros polémicos contra Ergas, que respondió con dos libros también polémicos titulados *Tohajat Megulah* y *haTzad Najash*, publicados en 1715.

Entre sus obras cabalísticas figura el *Shomer Emunim* (Ámsterdam, 1736), «el guardián fiel», donde explica los principios de la cábala en forma de diálogo entre Shealtiel, que sólo cree en la *Torah* revelada, y Iehoiada, que resulta vencedor en esta discusión, que cree también en el aspecto oculto de la *Torah*; *Shomer Emunim* incluye un apéndice, el *Mevo Petajim*, una selección de la doctrina de Ari y la introducción a la cábala que hoy presentamos. Su discípulo Malaquías haCohen publicó en el año 1742 una selección de sus *Responsa*.

Apasionado de la cábala y del Zohar, nuestro autor fue un opositor de las ideas de los filósofos, que para él se enfrentaban al espíritu del judaísmo. Eso hizo que no aceptara muchas de las ideas de Maimónides, demasiado aristotélicas para su gusto. A pesar de que mantuvo grandes discusiones con él, Iosef Ergas coincidió en muchas cosas con su coetáneo, el gran cabalista Moshé Jaim Luzzatto (1707-1746).[3]

---

3. Luzzatto es autor entre otras obras del *Derej Jojmah* (El camino de la sabiduría), Ediciones Obelisco, 2ª edición, Barcelona, 2022, el *Daat Tevunot* (El libro de la sabiduría del alma) Ediciones Obelisco, Barcelona, 2022, o el *Mesilat Iesharim* (La senda de los rectos), Ediciones Obelisco, Barcelona, 2014. Se trata de tres libros esenciales de la ingente obra de este cabalista italiano.

Luzzatto estuvo profundamente influido por Ergas y *Las 138 Puertas de la Sabiduría* de Luzatto son de hecho una lectura de la Cábala luriánica similar en muchos puntos a la obra de Ergas.

Sabemos que nuestro autor leyó el *Shaar haShamaim* o *Puerta del Cielo* (Amsterdam 1655) de Abraham Cohen de Herrera, traducido por Isaac Aboab da Fonseca, una de las obras cabalísticas más importantes de la época y una de las pocas que se podía leer en español. Los *Principios para estudiantes de cábala principiantes* son un extracto del libro *Minjat Iosef*,[4] la obra más conocida de nuestro autor. Nos hemos permitido anotarlos con comentarios y referencias que, esperamos, ayuden al lector a acercarse al texto original, que también publicamos. A modo de apéndice también hemos querido proponer unos extractos del *Minjat Iosef*, uno donde se habla de los 4 mundos y de las diez sefirot y el otro en el que se comparara las sefirot con velas que son encendidas sin ningún tipo de contacto por y con el *Ein Sof*, así como un diálogo en el que vemos que nuestro autor rechaza los «enfoques literales» para defender las «altas sabidurías» de la *Torah*.

EL EDITOR

---

4. Folios 22b a 25a de la edición de Livorno, 1732.

Portada del libro *Shomer Emunim*, Amsterdam, 1736

13

RABBÍ IOSEF ERGAS

הקדמות למתחילים בלימוד קבלה
PRINCIPIOS PARA ESTUDIANTES DE CÁBALA PRINCIPIANTES

הקדמות והתחלות הצריכות אל המתחילים ליכנס בחכמת
אמת, שלקטתי אותם.
אני הצעיר יוסף אירגאס ס"ט מתוך כתבי האר"י זלה"ה כדי
לזכות את הרבים.

Principios e introducciones necesarias para que los principiantes penetren en la sabiduría de la verdad,[1] que yo, el joven Iosef Ergas, sefardí puro,[2] recopilé de los escritos del Arizal[3] a fin de beneficiar a muchos.

---

1. *Jojmat Emet* (חכמת אמת), la «sabiduría de la verdad», se refiere a la cábala. Se trata también del título de un libro de Rabbí Iehudah Ashlag, el autor de la edición del Zohar denominada *haSulam*, por lo que se le conoce como *Baal haSulam*. Los cabalistas han señalado que la guematria de *Jojmat Emet* (חכמת אמת) coincide con la de *Or Shabbat* (אור שבת), la Luz de *Shabbat*.
2. Las siglas (ס"ט) significan tanto «sefardí puro» como «buena señal» o «sea bueno su final». Nuestro autor parece jugar con estos distintos sentidos.
3. Isaac Luria. En realidad, Luria no dejó nada escrito, pero sus enseñanzas se conocen gracias a los textos de su discípulo Jaim Vital, autor de las *Shaarei Keddushah*

א. ראשונה צריך שידע כי הבורא א"ס הוא אחד ואין לו שני
ונקרא א"ס על שם שאין תפיסה בו לא במחשבה ולא בה־
רהור כלל
ועיקר כי הוא מופשט ונבדל מכל המחשבות
ואין לשום נמצא השגה בו כלל
והוא קדם אל כל הנאצלים והנבראים והיצורים והנעשים.
ולא היה בו זמן התחלה וראשית כי תמיד היה נמצא וקיים
לעד ואין לו ראש וסוף כלל.

1. En primer lugar, has de saber que el Creador, el *Ein Sof* (א"ס),[4] es uno y que no tiene segundo.[5] Y se le llama *Ein Sof* porque no hay forma de captar lo que es

---

(*Las puertas de la santidad*, Ediciones Obelisco, Barcelona, 2022). Nuestro autor se refiere principalmente al *Etz Jaim,* un resumen de las enseñanzas de Luria, que vio la luz al año de morir éste.

4. Literalmente «sin final», que no tiene límites. «*Ein Sof* es el aspecto impersonal del dios oculto», escribe Scholem. Es aquello, según Isaac el Ciego, «que no es concebible con el pensamiento». Al hallarse incluso por encima de la sefirah de *Keter*, el pensamiento discursivo no puede acceder a él. Fue precisamente Isaac el Ciego el primero en presentar el concepto de *Ein Sof*. No se puede decir nada de él e incluso no se puede investigarlo según el dicho de los sabios «no investigues lo que sobrepasa tu capacidad». no es posible nombrar o describir al *Ein Sof* con términos humanos, porque cualquier nombre o descripción implicaría limitar lo ilimitado.

5. Para el cabalista, todas las creaciones que percibimos como separadas, sólo lo están desde nuestra perspectiva dominada por la separatividad. A medida que avanzamos hacia la multiplicidad, los seres y las cosas se perciben cada vez más separados, pero a medida que avanzamos hacia la unidad, estas separaciones se van desvaneciendo. Como veremos, el *Ein Sof* «no tiene aspectos ni diferenciación alguna en sus partes», al trascender el mundo de la dualidad y la separatividad. Como escribirá nuestro autor en el texto que hemos añadido a modo de apéndice a esta edición, «él es el conocedor, él es el conocimiento y él es lo conocido».

con ninguna forma de pensamiento ni reflexión, porque es abstracto y apartado de todo pensamiento y ninguna creación tiene percepción de él en absoluto.

Y él fue anterior a todas las emanaciones, creaciones, formaciones y lo que ha sido hecho.[6]

Y el tiempo no cuenta para él ni tuvo un principio, ya que siempre existió y existirá por la eternidad,[7] y no tiene principio ni fin en absoluto.

ב. צריך שידע כי אין בא"ם בחינות או הפרש מקצתו אל קצתו

ולא יצדק בו בחינת מעלה ומטה פנים ואחוה, אלא אחדות שוה בהשואה גמורה.

ולכן לא היה בו שום שם וכינוי, כי השם מורה על דבר קצוב ומיוחה.

גם לא שום דמיון ותמונה כלל.

גם לא נוכל לכנותו רחום וחנון כי מכיון שלא היו נבראים על מי ניכר רחמנתות וכן בשאר הכינויים כנזכר דף רנ"ז.

2. Debes saber que el *Ein Sof* en su totalidad, no tiene aspectos ni diferenciación alguna en sus partes, ni se puede aplicar a él la noción de arriba y abajo, ni de frente y espalda, sino que es una unidad completamente igual y homogénea,[8] que está igualmente distribuida en su

---

6. En correspondencia a los cuatro mundos, *Atzilut*, *Briah*, *Ietzirah* y *Assiah*, el mundo de la emanación, el de la creación, el de la formación y el de la acción.

7. Está por encima del tiempo.

8. Por lo cual tampoco es totalmente correcto hablar de «partes».

totalidad. Por lo tanto, no se le puede atribuir ningún nombre o apelativo, ya que un nombre implica algo definido y específico.

Tampoco hay un parecido o imagen en absoluto.

Tampoco podemos llamarlo misericordioso o compasivo,[9] ya que antes de que existieran los seres creados no había criaturas que pudieran reconocer su misericordia. Lo mismo ocurre con los demás apelativos mencionados en el Zohar (III-257b).[10]

ג. כאשר עלה ברצונו הפשוט להאציל העולמות להוציא
כחותיו מן הכח אל הפועל תפעל
כי איננו יכול להקרא רחום וחנון מלך ודיין וכיוצא אלא אחד
בריאת הועלם
אז הוצרך תחלת הכל לברוא המקום והחלל הפנוי לשיאציל
בתוכו העולמות
כאדם הבונה בית חתנות לבנו ואח"כ מכנוסו בתוכו ועושה
לו חופה.

3. Cuando surgió en su voluntad simple emanar los mundos, llevar sus poderes de lo potencial a lo actual, porque sólo él puede ser llamado Misericordioso, Com-

9. Atributos más bien del Tetragrama, *Iod He Vav He* (יהוה).

10. Véase volumen XXV de nuestra edición, pág. 261, donde podemos leer «¿para quién podría el Señor del universo ser llamado misericordioso, clemente o juez antes de crear el mundo y las criaturas?», Ediciones Obelisco, Barcelona, 2019.

pasivo, Rey, Juez, y similares,[11] después de la creación del mundo, entonces, él necesitó primero crear el *Makom*[12] y el Espacio vacío[13] en el cual él podría emanar los mundos. La cosa se parece a alguien que construye la casa nupcial de bodas para su hijo y después entra éste y le hace la *Jupah*.[14]

---

11. Respecto a los numerosísimos nombres, apelativos y sobrenombres de la divinidad, véase *Las Puertas de la Luz* de Rabbí Iosef Gikatilla, publicado en esta misma colección. Ediciones Obelisco, Barcelona, 2023.

12. «Lugar». Esta palabra es también un nombre de Dios. «Originariamente se usaba el término *Makom* tanto para referirse a un sitio determinado como al espacio en general; luego, se le dio más amplio sentido y vino a significar el grado o jerarquía, la mayor o menor perfección de un hombre o una cosa. Cuando se habla de Lugar o sitio refiriéndose a Dios, expresa la misma idea, es decir la altísima condición de Su existencia, que no tiene igual ni semejante, como se demostrará más adelante» (Maimónides, *Guía de perplejos o descarriados*, publicado en esta misma colección, Ediciones Obelisco, Barcelona, 2011. La idea de *Makom* es equiparable aquí a la de *Kli*, «recipiente». Los cabalistas asocian el *Kli* con el recipiente de *Or*, la luz, la plenitud.

De este modo se produciría el *Tzimzum*, concepto típicamente luriano, «contracción», una especie de «autorretirada» del *Ein Sof* para «hacer espacio» para la creación posterior.

13. La creación de un «espacio vacío» es una de las ideas más esotéricas en la Cábala, conocida como *Tzimtzum*. Esta doctrina sostiene que para que existiera un espacio donde los mundos pudieran ser emanados, Dios tuvo que «retirarse» o hacer un *Tzimtzum* para crear un vacío donde la creación pudiera tener lugar. Este acto no es una retirada en el sentido físico, sino más bien un concepto místico que describe la forma en que la infinita presencia de Dios hizo posible la existencia de algo aparte de él.

14. El palio nupcial.

ד. אחר אשר ברא ועשה המקום של כל העולמות, ברא
העולמות עצמם
שהם חמש עולמות, עולם אדם קדמון, עולם האצילות, עולם
הבריאה,
עולם היצירה, ועולם העשיה, וחמשתן כלולות בהוי"ה אחת
כי עולם א"ק הוא קוצו של יו"ד
והיו"ר עצמה עולם האצילות. והה בבריאה. והו ביצירה.
וה" אחרונה בעשית. וחמש עולמות הללו הם כמריון חמש
בתים זו למעלה מזג.

4. Después de que él creara e hiciera el *Makom* (lugar)
de todos los mundos, creó los propios mundos que son
cinco mundos:[15] el Mundo de *Adam Kadmon*;[16] el Mundo de *Atzilut*;[17] el Mundo de *Briah*;[18] El mundo de *Ietzirah*;[19] El mundo de *Asiah*.[20] Y los cinco están incorpo-

---

15. Como aprendemos de *Génesis Rabbah* (1,2), «Dios miró la *Torah* y creó el mundo». Los sabios lo comparan a un arquitecto que prepara los planos y más tarde
el constructor emprende el trabajo de construcción. Señalemos el paralelismo
entre estos cinco mundos y los cinco libros de la *Torah*. Como nos enseña el
Zohar (III-239a) Dios contempló la *Torah* y creó el mundo.
16. El Adán primigenio o primordial.
17. Conocido como «el mundo de la emanación» o «el mundo del pensamiento».
En el que se dispusieron las raíces de todo lo referente a nuestro mundo. A
partir de él se revelan las diez sefirot, y es en este mundo donde se reveló la
fuente de la Emanación bajo el Nombre de las cuatro letras, el Tetragrama.
18. El mundo de la creación; no se refiere a la creación tal y como la conocemos,
sino a la creación a partir de la nada. *Briah* tiene la misma etimología que *bará*,
«creó», la segunda palabra de la *Torah*.
19. Literalmente «formación».
20. El mundo de la acción.

rados como uno dentro de *Havaiah*.[21] El mundo de *Adam Kadmon* es el ápice de la letra de la *Iod* (קוצו של יו"). La *Iod* misma es el mundo de *Atzilut*. La primera *He* es *Briah*. La *Vav* es *Ietzirah*. La última *He* es *Asiah*.[22] Y estos cinco mundos son análogos a cinco casas,[23] una encima de la otra.

ה. העולם הראשון והעליון הוא הנקרא אדם קדמון לכל קדו־
נים, ואל תחשוב שנקרא כן מפני שהוא קדמון בלתי ורשית,
כי אין הדבר כן

5. El primer mundo y el más elevado se llama *Adam Kadmon* (primordial)[24] de todos los primordiales. Pero no pienses que se llama así porque es primordial sin inicio ni final,[25] pues la cosa no es así,

---

21. Los cuatro mundos desde *Atzilut* a *Asiah* se asocian con cuatro grupos de Sefirot. *Atzilut* con *Keter*, *Jojmah* y *Binah*. *Briah* con *Hessed*, *Guevurah* y *Tiferet*. *Ietzirah* con *Netzaj*, *Hod* y *Iesod*. Y, finalmente, *Asiah* con *Maljut*. Estos cuatro mundos corresponden a la cuatro letras del nombre.

22. O sea, las cuatro letras del Tetragrama, *Iod He Vav He* (יהוה).

23. *Beit*, «casa», también significa «receptáculo» e incluso «palacio». El suelo de la casa se relaciona con la sefirah *Maljut* y el techo con la sefirah *Keter*. La casa aludiría al árbol sefirótico. Se trata de la primera letra de la *Torah*.

24. Los cabalistas nos enseñan que en este mundo no hay ni Sefirot ni *Partzufim* (rostros) sino sólo una luz simple y una voluntad simple. Su denominación de primordial se debe a que precede a los demás mundos y es la raíz de las Sefirot. *Adam Kadmon* es primordial en la secuencia de emanaciones, no es eterno o sin comienzo como el *Ein Sof*, que es la fuente absoluta y no creada. Esta distinción es crucial en la cosmología cabalística porque subraya que *Adam Kadmon* es una creación divina, no el Creador mismo.

25. Lo cual sería el caso del *Ein Sof*.

ובמ"ש הרב בספר אדם ישר ענף.א' וז"ל, ואמנם אצילות א"ק הזה ומכ"ש
שאר העולמות שתחתיו היה להם ראש וסוף והיה להם זמן התחלת
הוייתם ואצילותם עכ"ל.
אבל נקרא בשם קדמון מפני היותו קוד לכל שאר הנאצלים
כמ"ש שם בענף ד'. ושמור העיקר הזה שאין לך לצייר שום
נמצא קדמון מבלעדיו כלל ועיקה.

Porque así escribió el Arizal en el libro *Adam Iashar*,[26] y éstas son sus palabras: ciertamente, la emanación de este *Adam Kadmon*, y cuánto más la de todos los demás mundos inferiores a él, tuvo un principio y un fin. Tuvieron un tiempo del comienzo de su existencia y su emanación.

Sin embargo, se le llama con el nombre *Kadmon* porque precede a todas las demás emanaciones, como escribió el Arizal.[27]

Guarda este principio, pues no debes imaginar en modo alguno ningún ser primordial aparte de él.

---

26. *El hombre recto*. Jaim Vital es también el autor de *Las puertas de la Santidad* y de *La puerta de las reencarnaciones*, ambos publicados en esta misma colección.
27. La raíz *Kadmah* significa «ir delante», «preceder».

ו. זה האדם קדמון כולל עשר ספירות, ואלה שמותם, כתר
חכמה בינה חסד

גבורה תפארת נצח הוד יסוד ומלכות.

ובתחילה נאצלו בצורת עיגולים. אלו בתוך אלו ע"ד תמונת
עולם הגלגלים.

ואח"כ בתוך אלו העשר ספירות עיגולים מתפשט ביושר ציור
אדם.

א' כלול מרמ"ח איברים, והם עשר ספירות אחרות מצויירות
בציור ג'
קיים:

כתר

חכמה בינה

חסד גבורה

תפארת

נצח הוד

יסוד

מלכות

6. Este Adam Kadmon engloba diez sefirot, y estos
son sus nombres: *Keter*,[28] *Jojmah, Binah, Hessed, Guevurah, Tiferet, Netzaj, Hod, Iesod* y *Maljut*.[29]

---

28. *Keter* significa «corona» y es, por así decirlo, una sefirah aparte. Del mismo
modo que una corona está encima de la cabeza y la rodea, así *Keter* está por
encima de las demás *Sefirot* y las rodea a todas. Ejerce de algún modo de intermediario entre las Sefirot y el *Ein Sof.*
29. O sea la Corona, la Sabiduría, la Inteligencia, la Gracia, la Fuerza, la Belleza, la
Victoria, el Temor, el Fundamento y el Reino.

Al principio fueron emanadas en forma de *Igulim*[30] como la imagen del Mundo de las Esferas. Después, dentro de estas diez sefirot de *Igulim*, la imagen del hombre que comprende 248 miembros[31] fue emanada en diez líneas rectas.[32] Se trata de diez sefirot diferentes, que se representan en la imagen de las tres columnas siguientes:

KETER

BINAH   JOJMAH

GUEVURAH   HESSED

TIFERET

HOD   NETZAJ

IESOD

MALJUT

ודע כי כל ספורה וספירה בין דיושר בין דעיגולים נפשטת לעשר ספירות,

ועשר ספירות מעשר ספירות, עד אין תכלית.

וכלל זה הוא כולל בכל העולמות, אצילות, בריאה ועשיה.

---

30. Círculos concéntricos. La representación del árbol de la vida como el tronco de un árbol en el que podemos apreciar círculos concéntricos es anterior a la representación más difundida y conocida de las diez esferas, la de las tres columnas que nos presenta Ergas.

31. Según el Talmud (tratado de *Bejoroth* 45a) 248 miembros u órganos componen el cuerpo humano junto a 365 venas o tendones. Según los sabios, el *Shemá* está compuesto por 248 palabras.

32. En concordancia con las diez Sefirot.

Y has de saber que todas y cada una de las sefirot, sean de *Iosher*[33] o de *Igulim*,[34] se dividen en otras diez sefirot, y estas diez sefirot en diez sefirot *ad infinitum*.[35]

Y este principio se aplica a todos los mundos de *Atzilut, Briah, Ietzirah* y *Asiah*.

ובכל פרט ופרט שיש בבל עולם ועולם מהם, שהם עיגולים ויושה.

Y en todos y cada uno de los detalles que hay en todas y cada una de ellas tiene estos dos niveles mencionados que son *Igulim* y *Iosher*.

---

33. Las Sefirot de *Iosher* son «como el aspecto de un hombre erguido», o sea, como el hombre que se divide en órganos, los que, todos, existen en un nivel encima de otro y se perfeccionan unos con otros, pero siempre formando un solo cuerpo». Conforman el árbol sefirótico en la forma que acabamos de ver.
34. Las Sefirot de *Igulim* son como las capas de una cebolla o incluso como un cerebro con nueve membranas una dentro de la otra. Cada sefirah emana de otra y al mismo tiempo es una sefirah separada.
35. Tenemos aquí una idea de la estructura fractal y expansiva de las sefirot. El texto indica que cada sefirah no es una entidad aislada, sino que contiene dentro de sí otras diez sefirot, y este patrón se repite indefinidamente, creando una estructura sin fin.

ז. כתר של א"ק הוא הנאצל הראשון

הכוח בו שרשי הספירות וכלי הנמצאים באחדות גמור ,

כי בו הטביע המאציל כח חותמו ומתלבש בו מבלי אמצעי
בסוד חוט הא"ס

ולכן תתעלה מעלתו ותתפלא, כי הא«ס האצילו בתכלית
השלימות

בידוע שמהפשוט יוצא פשוט

כדי שיוכל לקבל השפעת הא«ס שהוא אחד פשוט רחוק מכל
ריבוי

ושינוי וחידוש וגבול.

וכיון שזה הכתר דא"ק הוא בתכלית אחרות מבלי שימצא
שם גילוי

שרשי הנמצאים

לפיכך לא נוכל לדבר בו כלל.

7. *Keter* de *Adam Kadmon* es la primera emanación.
Incluye las raíces de las sefirot y de todas las creaciones
en una unidad absoluta, como el emanador había impreso en su interior el poder de su sello y se manifiesta
en ella sin ningún medio, a través del secreto del hilo del
Ein Sof[36] y por lo tanto contempla su excelsitud excelsa
y asómbrate de que el *Ein Sof* lo haya emanado con absoluta perfección, ya que, como es sabido, lo simple
procede de lo simple para que sea capaz de recibir el
otorgamiento del *Ein Sof,* que es unidad sublime que

---

36. La idea del «hilo del *Ein Sof*» simboliza la conexión directa y continua entre el
Infinito y esta primera emanación.

está lejos de toda multiplicidad, cambio, renovación y límite. Y dado que este *Keter* de *Adam Kadmon* está en unidad absoluta,[37] sin que allí se revelen las raíces de las creaciones, somos incapaces, por lo tanto, de hablar de ello en absoluto.

ח. הקרקפתא של זה הא"ק שהוא בחינת ראשו עד מקום האזנים, הוא סוד החכמה שלן.
ונקרא שם ע"ב כזה יו"ד ה"י וי"ו ה"יי
ואין לנו רשות לדבר יותר מזה במקום גבוה זה.

8. El cráneo[38] de este *Adam Kadmon*, que es el nivel de su cabeza hasta el lugar de las orejas, es el secreto de su *Jojmah*. Su nombre se dice *Iod-Vav-Dalet, He-Iod, Vav-Iod-Vav, He-Iod*.[39] Y no tenemos permiso para hablar más sobre este lugar tan elevado.[40]

37. Como escribe el cabalista contemporáneo Mario Sabán, «El *Keter de Adam Kadmón* está totalmente dentro del Infinito».
38. Que se relaciona con la sefirah *Keter*, la corona. Señalemos la semejanza de las consonantes de «cráneo» y «corona».
39. Se trata del Tetragrama deletreado cuyo valor numérico es setenta y dos, o sea la guematria de *Hessed* (חסד).
40. Este silencio respetuoso forma parte del enfoque esotérico, que reconoce la trascendencia y misterio del conocimiento divino; en muchas ocasiones cuando se dice que algo «está prohibido» o «no se permite», en realidad significa que la realidad de la cosa está más allá de las palabras y de lo discursivo.

ט. מבחינת האזנים של א"ק מתחיל שם ס"ג כזה יו"ד ה"י וא"ו
ה"י כלול מטנת"א.

וכמו שמהאון יוצא הבל, כמו כן מבחינת האזנים של א'ק
יוצא אור עליון.

ולא נתלבש בשום כלי כי אין יכולת בכלים לסובלו.

וכן האור היוצא מהחוטם הוא בלתי מתלבש בשום כלי.

אך האור היוצא מהפה של א"ק נעשה לו כלי אחד מן בחינת
הפה עד הטיבור

ונקרא עולם העקודים, להיות האורות ההם עקודים ומקוש־
רים בכלי אחה

ואו התחיל איוה מציאות של הגבלת אור הנאצל, מה שלא
היה יכול

להיות קודם לכן.

ומהטיבור עד סיום רגלי א"ק מתפשט עולם הנקודים
שהם עשרה נקורות אורות וכלים

וכאן היתה שבירת הכלים אשר נתקנו אח"כ בשיתוף שם מ"ה
החדש

ונעשה מהם עולם הברודים הנקרא עולם האצילות.

9. En lo que respecta a las orejas de Adam Kadmon,
comienzan con el nombre *Sag* (ס"ג)[41] deletreado así:
Iod-Vav-Dalet, He- Iod, Vav-Alef-Vav, He Iod. Se compone de TANTA (טנת"א).[42]

---

41. Literalmente «sesenta y tres».
42. Acrónimo para *Teamim, Nukudot, Taguim* y *Otiot* (Puntos de cantilación, voca-
les, coronas y letras).

Y así como el vapor sale de la oreja, así también la luz suprema sale de las orejas de *Adam Kadmon*, y no se manifiesta en ningún *Kli*.[43] Y las vasijas (*Kelim*) no son capaces de resistirla.[44]

Del mismo modo, la luz que sale de la nariz no se manifiesta en ningún *Kli*.

Es sólo la luz que sale de la boca de *Adam Kadmon*[45] la que se convierte en un único *Kli* para ella desde el nivel de la boca hasta el ombligo y se llama Mundo de los *Akudim*,[46] tal que esas luces están enlazadas y unidas dentro de un único *Kli*. Es entonces cuando comenzó a haber alguna existencia de limitación de la Luz emanada, que antes no podía existir.

El mundo de los *Nekudim*[47] emana desde el ombligo hasta el final de los pies del *Adam Kadmon* que son los

---

43. Literalmente «vasija», «recipiente»

44. Por esta razón, la luz suprema se va revistiendo de capas para poder ser soportada por el hombre. De este modo los sabios rezan diciendo «Dios mío, concédeme la luz, el amor y el conocimiento que pueda soportar sin morir». El mismo Levinas decía que el estudio de la *Torah*, más que un modo de acceder a la luz divina, es una protección del poder terrible de dicha luz. Por paradójico que parezca, no estudiamos para zambullirnos en la luz, sino para ir recibiéndola poco a poco a fin de acostumbrarnos a ella.

45. Para los cabalistas sería sinónimo de *Maljut* de *Adam Kadmon*. Los cabalistas asocian a la sefirah *Maljut* con la boca, diciendo que «la boca es un *Melej* (un rey) que gobierna principalmente a través de la palabra. Rabbí Najman la comparaba a la *Torah* oral, que es «la revelación de la voluntad de Dios».

46. Literalmente «lazos», de *Akedah*, «ligadura». El famoso «sacrificio de Isaac» es en realidad la ligadura de Isaac.

47. Literalmente «puntos», de *Nekudah*, «punto».

diez puntos *Orot*[48] y *Keilim*,[49] y es aquí donde tuvo lugar *Shevirat HaKelim*, que fue rectificada después en colaboración con el nuevo nombre *Mah* (מה)[50] haciendo de ellos el mundo de los *Berudim*,[51] denominado *Atzilut*.

י. ענין הכלים הנזכרים

הם סוד אותיות ושמות שהם צורות נאצלות אשר יש בהם

כח

להגביל פעולות האורות שבתוכם שלא יהיו מתפשטים לאין תכלית.

ומציאות זה מתחיללל בעולם העקודים, אבל עיקרו הוא בעולם האצילות.

אמנם למעלה מעולם העקודים אין שם שמות ות ואותיות. ומה שכתבנו (בסעיף ח') שבקרקפתא דא"ק הוא שם ע"ב ובאון שם ס"ג הוא בהשאלה דרך משל לשכך את האזן אנו מדמים שם ס"ג את האזן אנו מדמים שם ממה שיש בעור לם האצילות לא שיש שם שם מן השמות, כי הוא אור פשוט ואין שם בחינת כלי.

10. El concepto de vasijas que se ha mencionado:

Es el secreto de las letras y nombres que son formas emanadas que tienen la capacidad de limitar las accio-

---

48. Literalmente «luces».

49. Plural de *Kli*, «vasijas», «recipientes». *Shevirat HaKelim* o «ruptura de las vasijas» es un concepto de la cábala luriana que explica la ruptura de la siete sefirot interiores.

50. Cuya guematria es 45, como la de *Adam*. Como palabra, significa «¿qué (soy?)», y es utilizada por Moisés para expresar su insignificancia existencial denotando la humildad absoluta. El nombre *Mah* se deletrea יוד הא ואו הא.

51. Conexiones.

nes de las luces dentro de ellos de tal manera que ya no se propagan en vano.

Y esta existencia comienza en el mundo de *Akudim*, pero su esencia se encuentra en el mundo de *Atzilut*.

Sin embargo, por encima del mundo de los *Akudim* no hay nombres ni letras.

Y lo que escribimos (en la Sección 8) que el cráneo de *Adam Kadmon* es el nombre de 72 letras y su oreja es el nombre de 63 letras, y esto se presenta a través de una parábola con el fin de facilitar la comprensión humana de lo que relacionamos analógicamente en términos de lo que existe en el mundo de *Atzilut*, ya que ninguno de los nombres existe en el *Adam Kadmon*, dado que es luz esencial y no hay allí ningún nivel de *Kli*.[52]

י"א. צריך אתה לדעת צורך ותועלת הספירות הנק' כלים ומ־
דות, ונבארם דרך
כלל
א' כי הנה כוונת הא«»ס בבריאה להודיע אלקותו אל זולתו
ולגלות לעיני
הנבראים גדולתו כדי שיהא ניכר ומושג
כנזכר בענף א' ובפירושו לספרא דצניעותא דף ב' ע"א
ולפיכך הוצרכו המדות כי בלתי זה לא היו יכולים הנבראים
להשיג
גדולתו.

---

52. En estos niveles de emanación divina, la luz es pura e indivisible, sin las divisiones o contenciones que caracterizan a los niveles inferiores del proceso de creación.

הב' כדי לפעול פעולות בעלי גבול ותכלית

וכן שהא"ס הוא בלתי בעל תכלית לא יפעול פעולות מוגבלות
ובעלי תכלית

ולכן הוצרך להמציא תחלה נח הגבול שהם המרות המגבי־
לות אור

השגחתו אל פעולות כעלי גבול ותכלית.

ובז יגבילו המרות השפעת הא"ס כאופז שיוכלו לקבלו התח־
תונים

וקטני המציאות אשר לא היו יכולים לסבול גורל רחמיו
וליהנות מזיוו

כלתי זה

כנזכר כאוצרות חיים דף י«ו ע«א.

הג' לצורך ההשגחה

כי כא«ם איז אנו יכולים לדבר ולא לצייר לא ריז ולא רחמים
לא רוגז

ולא כעם לא שינוי ולא גבול ולא שום מרח

עייז ספרא דצניעותא של חאר«י ז«ל

וכל העניינים האלו וכיוצא הם צורך אל הנהגת הנמצאים

לפיכך הוצרכו חמרות כי על ידיהם יפעל הא«ם העניינים
חללו ולא

ישיגחו מזה שינוי כלל כמו שיתבאר כמקומו.

הד' לצורך התפלח

שהיא אל חא«ם ולא לזולתו ח«ו

וכיון שחרא אחר פשוט כתכלית האחרות היאך נוכל לדבר
בו ולקדרתו

בשום שם

ולפיכך הוצרכו המדות כרי להקרא רחום והבוז ארך אפִים
וכיוצא,

כנזכר כתחלת ספר אוצרות חיים
כי על ירי המעטת האור חעליוז ואצילות הכלים נוכל כצר מה
לקוראו
רחום והבוז וכשאר השמות והתוארים
ולבקש מלפניו כל צרכנו כמו שיתבאר כמקומו בעה"י.

11. Es necesario que conozcas la necesidad y la utili-
dad de las sefirot, que son llamadas «vasijas» y «*Middot*»;[53] las aclararemos de un modo general. Primero
porque he aquí que la intención del *Ein Sof* en la creación es dar a conocer su divinidad a los demás y revelar
su grandeza a las creaciones para que sea reconocida y
percibida, como nos recuerda el Arizal en su comentario
al *Sifra Ditzeniuta* (2b),[54] y por lo tanto, las *Middot* son
necesarias ya que sin ellas las criaturas no habrían sido
capaces de percibir su grandeza.

Segundo: para realizar acciones finitas y limitadas, y
dado que el *Ein Sof* es infinito, no realiza acciones finitas, limitadas y por lo tanto, se requería crear primero el
potencial de límite finito, que son las *Middot* que res-

---

53. De *Middah*, «medida». En muchos lugares es una manera de referirse a las sefirot. Para que pueda existir un mundo finito y ordenado, fue necesario crear
«vasijas» o «receptáculos» que pudieran contener y limitar la luz divina, permitiendo así que esta luz se manifestara en formas y acciones con límite y fin. Estas
vasijas actúan como filtros o moduladores, restringiendo la infinita energía divina para que pueda interactuar con la realidad creada en términos que son com-
prensibles y manejables dentro del marco de nuestra existencia finita.

54. Una traducción íntegra de este importante texto cabalístico se encuentra en el
volumen XIV de nuestra edición de El Zohar, Barcelona, 2012, pág. 293 y ss.

tringen la Luz de su providencia a ser acciones finitas y limitadas.

Del mismo modo, las *Middot* limitan la influencia del *Ein Sof* tanto en los mundos inferiores, y de este modo las creaciones más pequeñas son capaces de recibirlo, pues no habrían sido capaces de soportar la grandeza de su misericordia y beneficiarse de su resplandor sin ellas, como se recuerda en *Otzrot Jaim*.[55]

Tercero: para facilitar la Providencia, dado que no somos capaces de hablar sobre el *Ein Sof* o describirlo en términos de juicio, misericordia, ira, enojo, cambio, límite o cualquier otra característica. Remitirse al Arizal.[56] Todos estos asuntos, etc., son necesarios para el control de las creaciones. Por lo tanto, las *Middot* son necesarias ya que es a través de ellas como el *Ein Sof* realiza estas cosas sin ser afectado por ningún cambio, como se explicará en su lugar.

Cuarto: Para las necesidades de la oración. Que debe dirigirse al *Ein Sof* y a ninguna otra cosa aparte de él, Dios no lo quiera. Ya que él es la Unidad Sublime Absoluta, ¿cómo podríamos hablar de él y referirnos a él con cualquier nombre?

Por lo tanto, las *Middot* son necesarias para que él sea conceptuado de misericordioso, compasivo, lento para la

---

55. Famoso libro cabalístico (אוצרות חיים) las *Otzrot Jaim* es una obra clásica escrita por Rabbí Jaim Vital. Este libro forma parte de una colección de escritos que recogen las enseñanzas del Ari, conocida como el *Kitvei HaAri*.

56. Concretamente a su comentario al *Sifra Ditzeniuta*.

ira, etc., como menciona el Arizal,[57] ya que es a través de la reducción de la Luz suprema y de la emanación de las vasijas como podemos, de alguna manera, referirnos a él como misericordioso, compasivo y con los otros nombres y descripciones y buscar en él todas nuestras necesidades, como se explicará en su lugar con la ayuda de Dios.

יב. העשר ספירות שהם כלים דעולם האצילות
יש להם שמות שאינם נמחקים, ואלו הם:
הכתר נקרא אהי"ה
החכמה י"ה
הבינה הוי"ה בניקוד אלקים
החסר א"ל
גבורה אלקי"ם
התפארת הוי"ה בניקוד לעולם
הנצח ה' צבאות
ההוד אלקים צבאות
יסוד אל ח"י ושדי
ומלכות אדנ"י

---

57. Al principio del *Shaar haGuilgulim*. Véase nuestra edición, *La Puerta de las Reencarnaciones*, publicada en esta misma colección, Barcelona, 2024.

והנשמה ועצמות שלהם הוא

חוי"ה בניקוד קמץ בכתר

והוי"ה בניקור פתח בחכמה

ובניקוד ציר"י בבינה

ובניקוד סגו"ל בחסר

ובניקוד שב"א בגבורה

ובניקוד חול"ם בת"ת

ובניקוד חיר"ק בנצח

ובניקוד קובו"ץ בהור

ובניקוד שור"ק ביסוה

ובמלכות חוא הוי"ה בלי ניקוד וכפי קבלתה כך תנקד ההוי"ה
שלה,

וזכור אל תשבח, כי בכל מקום שתמצא לשון אורות הכוונה
היא על הנשמה

ובכל מקום שתמצא לשון כלים הכוונה היא על צורת אדם
בעל רמ"ח

איברים הנקרא כלים.

12. Las 10 sefirot que son las vasijas del mundo de
Atzilut, tienen Nombres que no deben ser borrados como los siguientes:

Keter se llama *Ehieh*.
Jojmah: *Iod He*.[58]

---

58. Para los cabalistas correspondería al cerebro.

Binah: IHVH vocalizado como *Elohim*.[59]
Hessed: *El*.[60]
Guevurah: *Elohim*.[61]
Tiferet: IHVH vocalizado como *LeOlam*.[62]
Netzaj: IHVH *Tzevaoth*.[63]
Hod: *Elohim Tzevaoth*.
Iesod: *El Jai Shaddai*.[64]
Maljut: *Adonai*.

Su alma y esencia son:

Keter: IHVH vocalizado con *Kamatz*.
Jojmah: IHVH vocalizado con *Pataj*.
Binah: IHVH vocalizado con *Tzereh*.
Hessed: IHVH vocalizado con *Segol*.
Guevurah: IHVH vocalizado con *Sheva*.
Tiferet: IHVH vocalizado con *Jolam*.
Netzaj: IHVH vocalizado con *Jirik*.
Hod: IHVH vocalizado con *Kubutz*.
Iesod: IHVH vocalizado con *Shuruk*.
Maljut: IHVH sin vocalizar, ya que su IHVH está vocalizado en la forma en que recibe.[65]

---

59. Para los cabalistas correspondería al corazón.
60. Para los cabalistas correspondería al brazo derecho.
61. Para los cabalistas correspondería al brazo izquierdo.
62. Para los cabalistas correspondería al pecho y al cuerpo en general.
63. Literalmente «ejércitos» o «huestes».
64. Para los cabalistas correspondería a los órganos sexuales.
65. Dependiendo de qué sefirah reciba.

Y recuerda y no olvides[66] que en cualquier lugar en el que encuentres la expresión *Orot*,[67] el significado es para el alma (*Neshamah*), y en cualquier lugar en el que encuentres la expresión *Kelim*, el significado es para la forma del hombre, que tiene 248 miembros, denominados *Kelim*.[68]

י"ג. העשר ספירות של עולם האצילות נחלקות לחמש בחי־
נות אשר כל בחינה
מהם היא פרצוף אחד שלם כמראה אדם
וזה סדרן
הכתר הוא פרצוף א' מעשר ספירות ונקרא א"א.
החכמה היא ג"כ פרצוף א' מי" ס ונקרא אבא.
הבינה היא פרצוף א' מי"ס ונקרא אימא.
ושש ספירות חג"ת נה"י הם פרצוף א' מי"ס ונקרא ז"א.
ומלכות היא פרצוף א' מי"ס ונקרא נוקבא דז"א.
וכלל זה הוא בבל ד' עולמות אצילות בריאה יצירה עשייה.
ואעפ"י שאמרנו לעיל (בסעיף ו') כי כל ספירה וספירה כלולה
ג
ספירות, מ"מ אין בה חלוקי פרטי איברים כמו שיש באלו
החמשה כתר
חכמה בינה ז"א ונוקבא.
המשל הזרוע של האדם עם היותו אבר מאברי הגוף יש בו
כח כלם

---

66. Véase *Deuteronomio* (IX-7).
67. Literalmente «luces». Los *Kelim* son los receptáculos de estas luces. Pertenecen al mundo físico mientras que la *Orot* pertenecen a los mundos espirituales.
68. En correspondencia con el patriarca Abraham, cuya guematria es 248.

כנודע

שיש בו ווררי הראש והלב והכבד ושאר הגוף, כנודע לרו־
פאים

שמקיזים דם מהזרוע לתועלת כל הגוף.

אבל הכח הגובר והניכר בזרוע ימין הוא בחינת חסד
ועד"ז בכל ספירה.

אבל בחמשה ספירות הנזכרות יש היכר פרצוף בכל א' מהם
מרמ"ח

אברים גמורים שהם הי"ס של הפרצוף ההוא, באופן זה
כי הגלגלתא היא הכתר

והג' מוחין הם חב"ד

וב' זרועות הם חסד וגבורה

והגוף הוא ת"ת

וב' שוקין הם נצח והוד

והיסוד הוא האמה

והעטרה של האמה היא מלכות.

13. Las diez sefirot del mundo de *Atzilut* están divi-
didas en 5 niveles, donde cada nivel es un *Partzuf* com-
pleto que tiene la semejanza del hombre.

Su secuencia es la siguiente:

Keter es un *Partzuf* único de diez sefirot, y se llama
Arij Anpin.

Jojmah es también un *Partzuf* único de diez sefirot, y
se llama *Abba*.[69]

---

69. Padre.

Binah es un *Partzuf* único de diez sefirot, y se llama *Imma*.[70]

Las 6 sefirot, *Hessed, Guevurah, Tiferet, Netzaj, Hod* y *Iesod*, son un *Partzuf* único de diez sefirot, y se llama *Zeir Anpin*.

Maljut es un *Partzuf* único de diez sefirot, y se llama *Nukva*[71] o *Zeir Anpin*.

Esta regla se aplica a los cuatro mundos de *Atzilut, Briah, Ietzirah* y *Asiah*.[72]

Aunque dijimos anteriormente (en la Sección 6) que todas y cada una de las sefirot incluyen a diez sefirot, no tienen sin embargo los miembros individuales diferenciados como están en estas cinco: *Keter, Jojmah, Binah, Zeir Anpin* y *Nukva*.

La cosa se parece al brazo de una persona que aunque es un miembro de los miembros del cuerpo, contiene el potencial de todos ellos.

Como es sabido tiene las venas de la cabeza, el corazón, el hígado y el resto del cuerpo, como es conocido por los médicos que dejan que la sangre del brazo beneficie al cuerpo; sin embargo, el poder primordial que es reconocible en el brazo derecho es la característica de *Hessed* y es de manera similar para cada sefirah.

---

70. Madre.
71. Hembra.
72. Estos cuatro mundos conforman el denominado mundo del *Tikún*, de la rectificación.

Sin embargo, con las cinco sefirot mencionadas, hay un *Partzuf* reconocible en cada uno de los 248 miembros completos, que son las diez sefirot de ese *Partzuf*:

El cráneo es el *Keter*.
Los tres cerebros son *Jojmah*, *Binah* y *Daat*.
Los dos brazos son *Hessed* y *Guevurah*.
El torso es *Tiferet*.
Los dos muslos son *Netzaj* y *Hod*.
Iesod es el órgano sexual masculino.[73]
La corona del órgano sexual masculino es *Maljut*.

י"ד. הכתר שבכל עולם שהוא פרצוף א"א
הנה הוא מגיע עד קרקעית אותו עולם
ואו"א מלבישים הגוף שלו דהיינו חג"ת נהי"ם
ונשאר ראש הכתר מגולה גבוה עליהם.
וכן ז"א מלבים לאו"א ז' תחתונות שלהם וראש או"א גבוהים
ממנו.
וכן מלכות נוקבא דו"א מלבשת הז' תחתונות של ז"א, וראשו
גבוה ממנה.
אמנם רגלי א'א ורגלי או"א ורגלי זו"ן כלם שוין למטה בסוף
אותו עולם,
באופן כי אין ניכר מכל אחד מהם כי אם הראשים
אכן גופותם מתלבשים אלו בתוך אלו.

---

73. *Iesod*, que es la base o la columna vertebral, canaliza todas las energías anteriores hacia *Maljut*, que es la manifestación final y receptiva, simbolizada aquí por la corona del *Iesod*.

41

14. El *Keter* de cada mundo que es el *Partzuf* de *Arij Anpin* (א"א).

He aquí que alcanza el suelo[74] de ese mundo y *Abba* e *Imma* visten el cuerpo que es *Hessed, Guevurah, Tiferet, Netzaj, Hod, Iesod* y *Maljut* o dejando la cabeza de *Keter* (*Jojmah, Binah* y *Daat*) revelados por encima de ellos.

Del mismo modo, *Zeir Anpin* (ז"א) viste las siete más bajas de *Abba* e *Imma*, y la cabeza de *Abba* e *Imma* está por encima.

De la misma manera, *Maljut, Nukva* de *Zeir Anpin*, reviste las siete sefirot inferiores de *Zeir Anpin*, y su cabeza está por encima de ellas.

Sin embargo, los pies de *Arij Anpin, Abba* e *Imma, Zeir Anpin* y *Nukva* se encuentran todos igualmente al fondo de ese mundo, de tal modo que lo único que se distingue de cada uno son sus cabezas, mientras que los cuerpos de todos están revestidos unos dentro de los otros.[75]

---

74. El punto más bajo.

75. El hecho de que los cuerpos de estos *Partzufim* estén «vestidos» o interconectados unos dentro de otros indica una profunda interrelación entre ellos. Esto sugiere que los diferentes aspectos de la divinidad sólo son entidades separadas vistos desde afuera, pero en realidad están intrínsecamente conectados y actúan en conjunto, especialmente en los niveles más elevados de emanación.

ט"ו. העשר ספירות שבכל עולם הם נכללות יחד בהוי"ה אי
כי ספירת הכתר הוא קוץ היו"ד
והיו"ד עצמה היא בחכמה
וה' ראשונה בבינה
והו' בז"א הכולל ו' קצוות
וה' אחרונה במלכות.
ומכל אות ואות יוצא שם הוי"ה במילוי, וזה עניינו
מהי שבחכמה יוצא שם ע"ב כזה יו"ר ח"י וי"ן ה"י
ומהה' שבבינה שם ס"ג כזה יו"ד ה"י וא"ו ה"י
ומהו' שבו"א שם מ"ה כזה יו"ד ה"א וא"ו ה"א
ומה' אחרונה שבמלכות יוצא שם ב"ן כזה יו"ד ה"ה ו"ו ה"ה
ועל דרך זה בפרטות כל פרצוף ופרצוף.

15. Las diez sefirot de cada mundo se incorporan juntas en un único *Havaiah* (IHVH).

Porque la sefirah de *Keter* es el rabillo de la *Iod*.[76]

La *Iod* en sí está en *Jojmah*.

La primera *He* está en *Binah*.

La *Vav* está en *Zeir Anpin* que incluye a las seis[77] finales.

La última *He* está en *Maljut*.

De cada una de las letras sale un nombre de IHVH completamente expandido de la manera siguiente:

---

76. De IHVH.
77. Sefirot.

El Nombre *Av* (72) sale de la *Iod*, que está en *Jojmah*, así:

Iod-Vav-Dalet, He-Iod, Vav-Iod-Vav, He-Iod.

El nombre *Sag* (63) sale de la *He*, que está en *Binah*, así:

Iod-Vav-Dalet, He-Iod, Vav-Alef-Vav, He-Iod.

El nombre *Mah* (45) sale de la *Vav*, que está en *Zeir Anpin*, así:

Iod-Vav-Dalet, He-Alef, Vav-Alef-Vav, He-Alef.

El nombre *Ben* (52) sale de la última *He*, que está en *Maljut*, así:

Iod-Vav-Dalet, He-He, Vav-Vav, He-He.

Y lo mismo ocurre con los detalles de todos y cada uno de los *Partzufim*.

ט"ז. כל פרצוף ופרצוף מהחמש פרצופים שבכל' עולמות
אבי"ע יש לו ג' כלים

לכל ספירה וספירה זה בתוך זה

ונמצא שיש לכל פרצוף ל" כלים, עשרה פנימיים תוך עשרה
אמצעיים,

ועשרה אמצעיים תוך עשרה חיצוניים.

ובתוכם הוא העצמות שלהם, ונחלקת לחמש בחינות נפש
רוח נשמה

חיה יחירה

הנפש מתלבשת בתוך הי"ס הנקרא כלים חיצוניים

והרוח מתלבשת בתוך ה" ספירות הנקרא כלים אמצעיים

והנשמה מתלבשת בתוך י"ס הנקרא כלים פנימיים

ובתוך הנשמה היא בחינת החיה ובתוכה היחידה.

44

וכבר ביארנו לעיל בסעיף י"ב שבחינות העצמות הם עשרה
הוי"ת
מנוקדות קמ"ץ ופת"ח וכו'
וכל הוי"ה היא ד' אותיות עם קוץ הי' הרי חמש, והן הם
החמש בחינות
נר"ן ח"י שבכל ספירה וספירה.

16. Todos y cada uno de los *Partzufim* de los cinco *Partzufim* en los cuatro mundos de *Atzilut, Briah, Ietzirah* y *Asiah* tienen tres *Kelim* para cada una de las sefirot, una dentro de la otra.

De esto resulta que cada *Partzuf* tiene treinta *Kelim,* diez internos que están dentro de diez intermedios que están dentro de diez externos.[78]

Dentro está su esencia, y se divide en cinco categorías de *Nefesh, Ruaj, Neshamah, Jaiah* y *Iejidah.*

Nefesh se manifiesta dentro de las diez sefirot que son denominadas *Kelim* externos.

---

78. Cada sefirah dentro de un *Partzuf* tiene tres niveles de recipientes o vasijas: interno, medio y externo. Estos niveles reflejan diferentes grados de contención o manifestación de la luz divina. El recipiente interno es el más cercano a la fuente de luz, el medio actúa como un mediador o filtro, y el externo es el más alejado, interactuando directamente con el mundo exterior o con las manifestaciones más bajas de la emanación. La combinación de estos tres niveles de recipientes para cada una de las diez sefirot da como resultado un total de 30 recipientes por *Partzuf.* Esta estructura refleja la complejidad y la profundidad con la que se manifiestan las energías divinas a través de los *Partzufim,* permitiendo un proceso de emanación que es tan sofisticado como ordenado.

Ruaj se manifiesta dentro de las diez sefirot que son denominadas *Kelim* inermedios.

Neshamah se manifiesta en las diez sefirot son denominadas *Kelim* internos.

Dentro de la *Neshamah* se encuentra el nivel de *Jaiah* y en su interios está *Iejidah*.

Ya hemos explicado más arriba en la Sección 12 que los aspectos de la esencia son las diez maneras de IHVH que están vocalizadas de diferentes maneras: *Kamatz, Pataj*, etc.

Y que cada IHVH tiene cuatro letras que junto con el rabillo[79] son cinco, que son los cinco niveles de *Nefesh, Ruaj, Neshamah, Jaiah y Iejidah* de todas y cada una de las sefirot.

י"ז. דע כי כל עולם ועולם אין בו אלא ד' יסודות, והם ד'
אותיות ההוי"ה, שהם
חכמה בינה ת"ת ומלכות.
אמנם הכתר הוא בחינה עליונה שאינה מכלל העולם ההוא,
אלא דומה
אל כתר אשר בראש המלך ואינה מכלל ראשו
ולפיכך אין הכתר נחשב בכלל הי"ם, אלא מתחילים מהחכ-
מה הנקראת
ראשית

---

79. La punta de la letra *Iod*. Al contar también la espina de la *Iod*, se obtienen cinco elementos, los cuales se asocian con las cinco categorías del alma. Esta correspondencia implica que cada sefirah contiene estos cinco niveles del alma, reflejando la integración de la divinidad en la estructura interna del ser humano.

ובמקום הכתר משלים הדעת למנין הי"ס,

ועם כל זה לפעמים אנו מונין הכתר במנין הי"ס.

והטעם הוא לפי שלעולם הכתר היא בחינת ממוצעת מהע־
ליון והתחתון

כי כתר א"ק היא בחינת ממוצעת ממאציל ונאצל, שיש בו
חוט הא»ס

המאציל, וכולל שרש י"ם א"ק הנאצל,

וכן כתר דעולם האצילות כולל ב' בחינות, בחינת כללות כל
מה

שלמעלה, ויש בו שורש כל הי"ס דעולם האצילות.

ושתי בחינות אלו נקראים עתיק ואריך, אשר שניהם הוא
ספירת

הכתה חציו העליון נקרא עתיק וחציו התחתון נקרא א"א.

ועתה אל תתמה אם לפעמים אנו אומרים כי "ם דאצילות
נחלקים לד'

אותיות הוי"ה, ופעמים אנו אומרים שנחלקים לה' פרצופים

כי כשאנו אומרים שהם ד' הוא מנין הנאצלים ממש בפועל

וכשאנו מונים ה' פרצופים הוא כשאנו מונין שרש הנאצלים עם
הנאצלים עצמן.

ודע כי על דרך זה הוא בכל י"ס שבכל עולם ועולם, וכן בפר־
טיות בכל

פרצוף ופרצוף

כי לעולם כל בחינה ובחינה נקרא העליונה מאציל והתחתונה
נאצל,

ואין הנאצל פחות מד' אותיות הוי"ה אפילו בי' ספירות פר־
טיות, והבחינה

אמצעית ביניהם הנקרא כתר
והבן.

47

17. Has de saber que en todos y cada uno de los mundos sólo hay cuatro elementos, que son las cuatro letras de IHVH, es decir, *Jojmah*, *Binah*, *Tiferet* y *Maljut*.[80]

Ciertamente, *Keter* es un nivel superior que no está incorporado dentro de ese mundo, es más bien como una corona en la cabeza de un rey que no forma parte de su cabeza.

Por lo tanto, no se considera que *Keter* forme parte de las diez sefirot, sino que éstas comienzan a partir de *Jojmah*, que se llama «*Reshit*».[81]

En lugar de *Keter*, *Daat* es la que completa la cuenta hasta diez sefirot. Sin embargo, a veces contamos a *Keter* dentro de la cuenta de las diez sefirot. La razón es que *Keter* es siempre un intermediario entre lo superior y lo inferior.

Porque *Keter* de *Adam Kadmon* es un nivel intermedio entre el Emanador y lo emanado. Tiene el *Kav* del *Ein Sof* que emana e incorpora la raíz de las diez sefirot de *Adam Kadmon* que es el emanado.

Del mismo modo, *Keter* del mundo de *Atzilut* incorpora 2 niveles. El nivel general de lo que está por encima de él y tiene la raíz de las diez sefirot del mundo de *Atzilut*.

---

80. Toda la creación que conocemos está estructurada de acuerdo con un patrón divino, representado por el nombre sagrado IHVH. Las letras del nombre no sólo son símbolos de lo divino, sino que también son los elementos constitutivos de la realidad misma en cada uno de los mundos espirituales y materiales.
81. Véase *Proverbios* (I-7).

Estos dos niveles son denominados *Atik* y *Arij*, y juntos son la Sefirah de *Keter*. La mitad superior se llama *Atik* y la inferior *Arij Anpin*.

Ahora, no te extrañes si a veces decimos que las diez sefirot de *Atzilut* se dividen en las cuatro letras de IHVH y a veces decimos que se dividen en cinco *Partzufim*, pues cuando hablamos de cuatro, ese es literalmente el número real de emanaciones y cuando hablamos de cinco *Partzufim*, es cuando contamos la raíz de las emanaciones junto con las emanaciones mismas.

Has de saber que las diez sefirot de todos y cada uno de los mundos y similarmente los detalles de todos y cada uno de los *Partzufim*, siguen este formato.

Así en los niveles, el superior es llamado el emanador y el inferior lo emanado.

No hay emanación con menos de las 4 letras de IHVH, incluso dentro de las diez sefirot individuales,[82] y el nivel intermedio entre ellas se llama *Keter*. Entiéndelo.

י"ח. הדעת הוא נשמת הת"ת, כמ"ש בתיקונים.
ופירושו הוא כי בדעת יש ו"ק שהם שרשים אל ו"ק דז"א.
ולפי שלקח הדעת חצוניותו של הכתר לפיכך הדעת משלים
למנין הי"ם
במקום הכתר.

---

82. El texto señala claramente que cada aspecto emanado incluye necesariamente las cuatro letras de YHVH, lo que indica que cada emanación tiene una estructura divina completa.

18. *Daat* es la *Neshamah* de *Tiferet* como se menciona en los *Tikkunei haZohar*.[83] Y su significado es que en *Daat* están las seis puntas que son las raíces de las seis puntas de *Zeir Anpin* y como *Daat* toma la parte externa de *Keter;* por lo tanto, es *Daat* el que completa la cuenta de las diez sefirot en lugar de *Keter*.

י"ט. אחר שירעת שיש ב' בחינות הנק' אורות וכלים כנ"ל (בסעיף י"ב), דע כי

האורות שהם הנשמה מתחלקים לב' בחינות, והם אור פנימי ואור מקיף.

והענין הוא כי האור הפנימי הוא הנכנס תוך הי"ס הנק' כלים להאיר בהם

ולהחיותם.

במו הנשמה הנכנסת ומתלבשת תוך גוף האדם ומאיר בו ומ־חיה אותנ.

ואור זה הוא ממועט להיותו יכול להתלבש תוך הכלים.

אבל אור מקיף הוא אור גדול ממנו אשר אין כח בכלים לסו־בלו ולהגבילו

בתוכם

ונשאר בבחינת אור מקיף עליהם מבחוץ ומאיר להם.

באופן שאין לך שום אור בכל העולמות שאין בו שתי בחינות אלו, שהם

אור פנימי בתוך הכלי ואור מקיף מבחוץ סביב הכל וגם באדם התחתון יש ענין זה ככתוב במקומו

83. *Tikkunei haZohar* (49a).

19. Después de saber que hay dos niveles llamados *Orot* y *Keilim* como se ha mencionado anteriormente (en la Sección 12), has de saber que las *Orot* son la *Neshamah* que se divide en dos niveles, siendo una *Or Pnimi*[84] y otra *Or Makif*.[85]

La idea es que la *Or Pnimi* es la que entra dentro de las diez sefirot que se llaman *Kelim*, para iluminarlas y darles vida.

Así como la *Neshamah* entra y se manifiesta dentro del cuerpo de una persona, iluminándolo y dándole vida.

Esta luz es disminuida de tal manera que puede manifestarse dentro de los *Kelim*.

Sin embargo, *Or Makif* es una luz mayor que y no hay capacidad dentro de los *Kelim* para resistirla y contenerla en su interior y sigue siendo un nivel de *Or Makif* sobre ellos desde el exterior y les da luz.

Esto es de tal modo, que no hay luz alguna en todos los mundos que no tenga estos dos niveles, de una *Or Pnimi* dentro del *Kli* y una *Or Makif* afuera que rodea al *Kli*.

Este concepto se relaciona incluso con el Hombre en el mundo físico, como está escrito en su lugar.

---

84. La luz interior. *Or Pnimi* es responsable de darle forma y definición a la creación, ya que se adapta a las capacidades y características del recipiente en el que se introduce. Esta luz es lo que permite que cada parte de la creación tenga una función y propósito definido.

85. La luz circundante. *Or Makif* es la luz que rodea las vasijas pero no se absorbe completamente dentro de ellas, representando niveles de divinidad que son demasiado elevados para ser contenidas en un solo recipiente.

כ. במו שבחלק האורות יש בהם ב' בחינות הנ"ל, כן בחלק הכלים יש בהם ב'
בחינות כיוצא באלו.
והוא כי אין לך שום כלי שאין בו ב' בחינות, והם
בחינת פנימיות הכלי אשר שם התלבשות והתדבקות האור הפנימי
ובחינת חצוניות הכלי אשר עליו מבחוץ סובב האור המקיף כנ"ל.
וכשם שאור המקיף גדול מאור הפנימי, כן חצוניות הכלי הוא יותר
מעולה מפנימיות הכלי.

20. Al igual que en la parte de las *Orot* hay dos niveles como se mencionó anteriormente, de manera similar en la parte de los *Kelim* hay dos niveles que son paralelos a ellos.

No hay ningún *Kli* que no tenga dos niveles que son el nivel interior del *Kli* dentro del cual la *Or* (luz) interna es manifiesta y se abre, y el nivel exterior del *Kli* en el cual *Or Makif* (luz circundante) rodea desde el exterior, como se mencionó anteriormente.

Así como la luz circundante (אור הפנימי) es mayor que la luz interior (אור המקיף), así también la exterioridad del vaso es mayor que la interioridad del vaso.[86]

---

86. Esto sugiere que la capacidad de un recipiente para interactuar con la luz circundante, que es menos limitada y más universal, es un atributo superior en términos de potencial espiritual.

כ"א. כבר כתבנו לעיל (בסעיף י"ו) כי העצמות שהוא האור הפנימי נחלק לחמש

בחינות נר"ן ח"י, ועל דרך זה הוא האור מקיף שהם י"ס ונחל־ קות לה' בחינות

גר"ן ח"י

האמנם זהו דוקא בכל העולמות וההארות שיש מהחוטם של א"ק

ולמעלה

בהם יש תמיר כל הבחינות אלו שלימות, שהם ה' אורות פני־ מיים

הבוללים י"ם פרטיות וה' מקיפים הכוללים י"ם פרטיות כנז'.

אבל מן הפה של א"ק ולמטה עד סוף העולמות לא יש רק ה' אורות

פנימיים וב' מקיפים הראשונים שהם כנגד יחידה וחיה של כל פרצוף

ופרצוף מהם

ולא עוה כי האור נתמעט משם ולמטה.

21. Ya hemos escrito anteriormente (en la Sección 16) que la esencia, es decir la *Or Pnimi* (luz interior), está dividida en 5 niveles de *Nefesh, Ruaj, Neshamah, Jaiah* y *Iejidah*. La *Or Makif* (luz circundante), que son diez sefirot, se divide igualmente de esta manera en 5 niveles de *Nefesh, Ruaj, Neshamah, Jaiah* y *Iejidah* .

Sin embargo, esto es en todos los mundos e iluminaciones que son de la nariz de Adam Kadmon y superiores.

Con ellas, todos estos niveles se completan continuamente, siendo cinco *Orot* interiores que incorporan diez sefirot específicas y cinco circundantes que incorporan diez sefirot específicas, como ya se ha mencionado.

Desde la boca de Adam Kadmon[87] y hacia abajo hasta el fin de los mundos sólo hay cinco luces interiores y las dos primeras circundantes correspondientes a *Iejidah* y *Jaiah* de todos y cada uno de sus *Partzufim* y nada más, a medida que la luz disminuye de allí hacia abajo.

כ"ב. דע כי כשמסתלקים האורות מתוך כליהם ועולים למע-
לה, אינם מפתלקים
בכל בחינותיהם
אלא מניחים מכח עצמם ומבחינותיהם קצת הארה למטה
במקום אשר
עמדו שם בראשונה, וזה ההארה אינה נעקרת משם לעולם
ועד.
ונק' זאת ההארה רשימו, בסוד פ' שימני כחותם על לבך הנז'
בסוף
פרשת משפטים בסבא.

22. Has de saber, que cuando las luces son removidas desde dentro de las vasijas y ascienden, no todos los aspectos son removidos.

Más bien, dejan un poco de *Ha'arah* (הארה)[88] de su poder y nivel, abajo en el lugar en que estaban originalmente, y esta *Ha'arah* nunca es desarraigado de allí.

---

87. Que, como hemos visto, corresponde a la sefirah *Maljut*.
88. Brillo, esplendor, es para los cabalistas una emanación de la luz divina.

Este *Ha'arah* se llama un *Reshimu*,[89] «según el secreto de «ponme como un sello sobre tu corazón»,[90] según el secreto de la parashah *Mishpatim*.[91]

ב"ג. כבר כתבתי לעיל (סעיף י"ז) כי כתר דאצילות מתחלק לב' חלוקות שהם

עתיק יומין וא"א.

ודע כי הא"א נחלק גם הוא לתרין רישין והם הכתר שלו והחכמה שלו.

באופן כי כתר ראצילות שהוא עתיקא קדישא הנז' באדרא כולל תלת

רישין, רישא עילאה הוא עתיק יומין, ותרין רישין תתאין שהם כתר

וחכמה רא"א.

23. Ya he escrito más arriba (Sección 17) que el *Keter* de *Atzilut* está dividido en dos partes, que son *Atik Iomin* y *Arij Anpin*.[92]

---

89. Huella.
90. Véase *Cantar de los cantares* (VIIII-6).
91. Véase Zohar (II-114a), volumen XII de nuestra edición, pág. 158, Barcelona, 2011.
92. *Atik Iomin*, que se podría traducir como el Anciano de Días, es la parte superior de *Keter* y se considera una manifestación extremadamente elevada y abstracta de la divinidad. Representa lo más cercano al *Ein Sof* dentro del mundo de *Atzilut*, y es un aspecto que está casi completamente oculto y trascendente. *Arij Anpin*, conocido como «la cara larga», es la parte inferior de *Keter*, representa un aspecto de la divinidad más relacionado con la misericordia y la paciencia, y aunque sigue siendo elevado, es más accesible en términos de su interacción con los mundos inferiores.

Has de saber que *Arij Anpin* también está dividido en 2 cabezas, que son su *Keter* y su *Jojmah*.

Esto es tal que *Keter* de *Atzilut*, que es el *Atika Kaddisha* mencionado en el *Idra*,[93] incluye tres cabezas. Una cabeza superior, *Atik Iomin* y dos cabezas inferiores que son *Keter* y *Jojmah* de *Arij Anpin*.[94]

כ"ה. כמו שהכתר נחלק לב' פרצופים שהם עתיק יומין וא"א גם החכמה נחלק לב' פרצופים והם פרצוף אבא ופרצוף יש־ ראל סבא
וכן הבינה נחלקת לב' פרצופים והם אימא ותבונה
וכן ז"א נחלק לב' והם ישראל ויעקב
וכן מלכות נוקבא דו"א נחלקת לב' והם לאה ורחל.

24. Así como *Keter* se divide en dos *Partzufim*, que son *Atik Iomin* y *Arij Anpin*,

Jojmah también se divide en dos *Partzufim*, que son el *Partzuf* de *Abba* y el *Partzuf* de *Israel Saba*.

Del mismo modo, *Binah* se divide en dos *Partzufim*, que son *Imma* y *Tevunah*.

Del mismo modo, *Zeir Anpin* se divide en dos, que son *Israel* y *Jacob*,

Del mismo modo, *Maljut*, la *Nukva* de *Zeir Anpin*, se divide en dos, que son *Leah* y *Raquel*.

---

93. Se refiere al *Idra Rabbah*. Véase Zohar (III-114b), volumen XXIII de nuestra edición, pág. 127 y ss., Barcelona, 2022.

94. Estas «cabezas» representan niveles dentro de *Arij Anpin* donde se manifiestan las facultades de la voluntad y la sabiduría.

APÉNDICE

LOS CUATRO MUNDOS Y LAS DIEZ SEFIROT SEGÚN LA TRADICIÓN

עינינו הרואות שעולם העשיה שהוא עולם הגלגלים הם
עשרה מדרגות, היינו
גלגל השכל שהוא על כלם וגלגל המקיף, וגלגל המזלות
ושבעה כוכבי לכת גם עולם היצירה, שהוא עולם המלאכים

Nuestros ojos ven el mundo de la acción (עולם העשיה),
que es el mundo de las esferas (הגלגלים), compuestas por
diez niveles: a saber, la esfera del intelecto que está
por encima de todas, la esfera envolvente, la esfera del zo-
diaco y los siete planetas errantes. También el mundo de
la formación (היצירה), que es el mundo de los ángeles.

מבואר הוא שהם עשר עשר כתות. ואם כן מהם נקיש ונוכיח שגם
עולם הכסא, שהוא עולם הבריאה
הם עשר דרגין דכורסיא ס וכמו כן עולם האצילות הם עשר
מדרגות, שהם העשר ספירות

57

Se explica que hay diez clases. Si es así, deducimos y probamos que también el mundo del trono, que es el mundo de la creación, contiene diez grados del Trono. Igualmente, el mundo de *Atzilut* (emanación) también tiene diez grados, que son las diez sefirot.

וכבר האריך הפרדס בשער שני להביא ראיות אל קבלתנו שהספירות הם
עשרה מבריאת העולם שנברא בעשרה מאמרות
ודוד המלך ע"ה חתם ספרו בעשרה הילולים, וע"ש.

El *Pardés*[95] ya se extendió en la segunda puerta (el capítulo segundo) para traer pruebas de nuestra tradición (cábala) de que las sefirot son diez, desde la creación del mundo, que fue creado con diez alocuciones. Y el rey David, paz sea con él, concluyó su libro con diez alabanzas. Y véase allí.

גם במדרש תדשא הובא בילקוט מלכים סימן [קפ"ו] [קפ"ה],
וז"ל "ויעש את הים מוצק", הים זה העולם שהוא מוצק,
שנאמר בצקת עפר למוצק, ואומר חזקים כראי מזצק, "עשר
באמה משפתו" אלו עשר ספירות בלימה, שהעולם עליהם
עומד וכו ע"ש.

---

95. El *Pardes Rimonim* (פרדס רימונים) una de las obras más importantes de Rabbí Moisés Cordovero.

También en el *Midrash Tadshe*,[96] citado en el *Yalkut Melajim*, sección 186 [185], dice lo siguiente: «y construyó el mar fundido».[97] Este mar es el mundo, que está fundido, como está dicho: «cuando el polvo en masa se endurece»,[98] y también se dice: «fuertes como un espejo de fundición». «Diez codos desde su borde», éstas son las diez sefirot *Belimah*,[99] sobre las cuales se sostiene el mundo, etc. Véase allí.[100]

וגם קיימא לן דכל דבר שבקרושה אינו בפחות מעשרה, אשר כל זה מורה שהשלימות והקדושה תלוים בזה המספר:

Y también sostenemos que cualquier asunto relacionado con la santidad no es con menos de diez,[101] todo lo cual indica que la perfección y la santidad dependen de este número.

גם העולמות הם ארבעה כנגד ד' אותיות ההוי"ה והא"ק נרמז בקוץ הי' לרוב העלמו, שהוא השורש אליהם ס ויש קצת הוכחה על מספרם ממה שעינינו הרואות העולם הזה שהוא

---

96. Se trata de un pequeño midrash que comienza comentando Génesis (I-11) *Tadshe haAretz* (תדשא הארץ), «que la tierra produzca» y se pregunta cómo es que esto ocurre en el tercer día si la luz fue creada en el cuarto.
97. Véase 1 Reyes (VII-23).
98. Véase Job (XXXVIII-38).
99. Véase *Sefer Yetzirah* (I-1).
100. O sea, en el *Pardes Rimonim* (פרדס רימונים), segunda puerta, capítulo 3.
101. Han de haber, por ejemplo, un mínimo de diez personas adultas, lo que se denomina *Minian* (מניין), para que se pueda leer la *Torah* en la sinagoga.

ארבע יסודות, ועליהם היסוד הדק שאין בו ממש, שהוא
החומר הראשון הנקרא ליונים היולי

También los mundos son cuatro, correspondientes a las cuatro letras del nombre Havaia (הוי"ה), y *Adam Kadmon* (א"ק) está insinuado en el ápice de la letra *Iod* debido a su gran ocultamiento, ya que es la raíz de estos mundos. Y hay una ligera prueba de su número de lo que nuestros ojos ven en este mundo, que se compone de cuatro elementos,[102] sobre los cuales está el elemento sutil que no tiene substancia, que es la materia primordial, llamada por los griegos *hile*.

ויש בו שורש כל הארבעה יסודות, בכח, ולא בפועל ם
וכמו שתמצא בתחלת פירוש הרמב"ן על התורה וכמו שב-
עולם הזה כל מה שהולך ומשתלשל הוא מתעבה יותר   כמו
כן העולמות העליונים כל מה שהם משתלשלים הם מתעבים
יותר ולכן בספר יצירה נשתמש בענין אבי"ע בארבעה גדרים
אלו, רשימה, חקיקה, חציבה, עשיה

Y en él está la raíz de los cuatro elementos, en potencia, y no en acto. Como encontrarás al comienzo del comentario del Rambán[103] sobre la *Torah*. Y como en este mundo, todo lo que se despliega se vuelve más den-

---

102. Literalmente «cuatro fundamentos». Se trata del Fuego, el Aire, el Agua y la Tierra.
103. Rabbí Moshé ben Najman, Najmánides.

so, asimismo, los mundos superiores, cuanto más se despliegan, más se densifican. Por lo tanto, en el *Sefer Yetzirah* se usa el concepto de *Abiah* (אבי"ע - *Atzilut, Briah, Yetzirah, Asiah*) en estos cuatro términos: *Rishimah* (impresión), *Jakikah* (grabado), *Jatzivah* (esculpido), *Asiah* (acción).

כי הרשימה הוא מציאות דק בלתי נתפס, וכן עולם האצילות הוא מתיחד במקורו ובלתי נפרד ממנו והחקיקה הוא דבר הנתפס קצת יותר מהרושם, כי הרושם אינו נרגש והחקי־קה נרגשת כחגירת צפורן, וכן הבריאה היא הויה נגלית יותר מהוית האצילות

Porque la *Rishimah* (impresión) es una realidad sutil que no puede ser percibida, y así también el mundo de *Atzsilut* se unifica con su fuente y no se separa de ella. Y la *Jakikah* (grabado) es algo que puede percibirse un poco más que la impresión, ya que la impresión no se siente. Y la *Jakikah* (grabado) es percibida como el tallado con una uña, y de la misma manera, *Briah* (creación) es una existencia más revelada que la de *Atzilut*.

וחציבה הוא גילוי הדבר יותר מחקיקה, והוא דמיון אל היצירה שהיא הויה נגלית יותר מעולם הבריאה ועשיה הוא עולם הרביעי, שבו נגלו הדברים בעצם עד הגיעם אל הגש־מות:

Jatzivah (esculpido) es la revelación del asunto aún más que *Jakikah* (grabado), y esto es similar a *Yetzirah* (formación), que es una existencia más revelada que el mundo de *Briah* (creación), *Asiah (*acción) es el cuarto mundo, en el cual las cosas se revelan en su verdadera esencia hasta llegar a la materialidad.

וכל הארבעה עולמות הנזכרים עם בחינת שרשיהם, שהוא הא"ק, נרמזו בפסוק כל הנקרא בשמי וגו' דהיינו, "כל" רומז לא"ק שאין לו שם עצמיי, רק מלת כל רומזת אליו, לפי שהוא הכל

Y los cuatro mundos mencionados, junto con el nivel de sus raíces, que es *Adam Kadmon* (el hombre primordial), están insinuados en el versículo: «todo aquel que es llamado por mi nombre»,[104] etc. Es decir, la palabra *Kol* (כל) alude a *Adam Kadmon* (א"ק), que no tiene un nombre propio; sólo la palabra *Kol* lo sugiere, porque él es el todo.

כי כל ארבעה עולמות אבי"ע הם מושרשים בו השרשה רוח־נית צוריית שכליית
וממנו נשתלשלו כל הנמצאות, לפיכך נקרא "כל" שהוא כולל הכל.

---

104. Véase *Isaías* (XLIII-7).

Porque los cuatro mundos de *Abiah* (אבי"ע - *Atzilut, Briah, Yetzirah, Asiah*) están enraizados en él (*Adam Kadmon*) como una raíz espiritual, formal e intelectual, y de él se derivan todas las existencias. Por lo tanto, se le llama *Kol*, ya que incluye todo.

"הנקרא בשמי" רמז לעולמ האצילו שהספירות הם עצם הש־
מות הקדושים, והוא עולם היחוד. לפיכך אמר "בשמי" לשון
יחיד.

«Aquel que es llamado por mi nombre» es una alusión al mundo de *Atzilut*, porque las *sefirot* son la esencia de los nombres sagrados, y éste es el mundo de la unificación. Por lo tanto, se dijo «llamado por mi nombre» en singular.

"ולכבודי בראתיו" הרי עולם הבריאה המכונה בשם כסא
הכבוד "יצרתיו", הרי עולם היצירה.

«Y para mi gloria lo creé»: aquí se refiere al mundo de *Briá* (creación), que es llamado el «Trono de Gloria». «Lo formé»: aquí se refiere al mundo de *Yetzirah*.

"אף עשיתיו", הרי עולם העשיה. והוסיף כאן מלת "אף", לפי
שבעולם העשיה הוא מקום הקליפות
וכחות האף והחימה בר מינן:

«También lo hice»: aquí se refiere al mundo de *Asiah*. Y se añadió aquí la palabra «también» (*af*), porque es en el mundo de *Asiah* donde se encuentran las cáscaras (*klippot*) y las fuerzas de la ira y la furia, que Dios nos libre de ellas.

וכל המדרגות הללו הם משתלשלות זו מזו כדרך עילה ועלול
עד שאי אפשר להכנס ביניהם נקודה ומדרגה אחרת כלל, •
באופן כי עליהם אין להוסיף, ומהם אין לגרוע:

Y todos estos niveles descienden uno de otro, a la manera de causa y efecto, hasta que es imposible intercalar entre ellos ningún otro punto o nivel. De modo que no se puede añadir nada a ellos ni quitarles nada.

ועם היות שעיקר כל זה הוא מפי הקבלה, ולא נוכל להכריח
אותו על פי ראיות מופתיות מכל מקום גם אין השכל מנגדו
ואדרבה הוא מתקבל אל כל הישר הולך על פי טעמו ונימוקו
וכמו שרמזתי לך בקיצור דברי, המספיקים למבין אשר עינים
לו בראשו:

Y aunque todo esto proviene principalmente de la tradición (cá*bala*), y no podemos probarlo mediante demostraciones racionales, la razón, sin embargo, tampoco lo contradice. Al contrario, es aceptado por todos aquellos que siguen el camino recto, de acuerdo con su lógica y fundamento. Y como te insinué brevemente en mis palabras, que son suficientes para quien tiene entendimiento y ojos en su cabeza.[105]

LAS SEFIROT SON COMO VELAS ENCENDIDAS A PARTIR DEL EIN SOF

חלילה חלילה להאמין ולהעלות על לב שהספירות הם חלק
מהאין סוף שיצא ממנו ונשתלשל מעילה לעלול

Dios nos libre, Dios nos libre de creer y pensar que las sefirot son parte del *Ein Sof*, que surgieron de Él y descendieron del nivel de origen al nivel de destino.

כי הוא עון פלילי, דהא מה שהוא אין סוף אי אפשר להיות
ספירות והלא אחד מעיקרי האמונה הוא שאחדות האין סוף
אינו מתחלק לחלקים ואינו מקבל תוספת ולא מגרעת אלא
מציאותו תמיד קיים בלי שינוי כלל וכמ"ש בזוהר בכמה
מקומות

Porque es un pecado grave, ya que lo que es *Ein Sof* no puede ser sefirot. Uno de los principios fundamentales de la fe es que la unidad del *Ein Sof* no se divide en partes, no admite adición ni disminución. Su existencia

---

105. Véase *Eclesiastés* (II-14).

siempre permanece sin cambio alguno, como está escrito en varios lugares del Zohar.[106]

ואם אתה אומר שהספירות או הנאצל הראשון הוא חלק
מעצמותו שיצא ונמצא במציאות ספירה ואצילות נמצא
שהאין סוף מתחלק לחלקים ומקבל מגרעת. אבל הענין הוא
כמו שאמרתי, כי כל הנמצאים הם מושכלים ומצויירים בידי-
עתו בציור אחד פשוט בתכלית הפשיטות

Y si dijeras que las sefirot o la primera emanación son parte de su esencia, que salieron y se encontraron en la existencia como sefirá y emanación, entonces resultaría que el *Ein Sof* se divide en partes y admite disminución. Pero el asunto es como he dicho: todas las existencias son comprendidas y concebidas en su conocimiento en una forma única y absolutamente simple.

אשר אין הציור ההוא דבר אחר זולת עצמותו הפשוש כי
הוא היודע, הוא הדעת, והוא הידוע. חזה הציור המושכל,
הוא מה שאומרים המקובלים, שהספירות שהם סבת כל הנ-
מצאים, היו מתייחדים איש באחיו וכלם בעצמותו בלי שינוי
וכמו שצורת הבית אשר בשכל האומן, הוא סבה למציאותה
מחוץ לשכל כמו כן המציאות המושכל אשר לספירות בידי-
עתו, הוא סבת המצאם וקיומם כי הספירות וכל הנמצאים,
ממנו נמצאו ונתפשטו.

106. Véase Zohar (II-176a), pág. 287 de nuestra edición, Zohar-XIV, Ediciones Obelisco Barcelona, 2012.

Esa concepción no es algo distinto de su esencia simple, porque él es el conocedor, él es el conocimiento y él es lo conocido. Esta concepción intelectual es la que hace decir a los cabalistas que las sefirot son la causa de que todas las existencias estuvieran unidas unas con otras, y todas en su esencia sin cambio alguno. Y así como la forma de la casa en la mente del artesano es la causa de su existencia fuera de la mente, de la misma manera, la existencia conceptual de las sefirot en su conocimiento es la causa de su existencia y permanencia. Porque las sefirot y todas las existencias provienen de él y se extienden de él.

ואין הכוונה לומר שנתפשטה ידיעתו ונפרדה ממנו ח"ו,
שהרי אין ידיעתו ם ומה שהוא עצמותו מעולם לא יהיה נפרד
להיות אצילות, כי אחדותו ענין אחר זולת עצמותו הפשוט

No se pretende decir que su conocimiento se haya extendido y separado de él, Dios no lo quiera, ya que su conocimiento es él mismo, y lo que es su esencia nunca puede separarse para convertirse en emanación. Porque su unidad es algo aparte de su esencia simple

ומה שהוא עצמותו מעולם לא יהיה נפרד להיות אצילות כי
אחדותי אינו מתחלק לחלקים ח"ו:

Y lo que es su esencia nunca puede separarse para convertirse en emanación, porque su unidad no se divide en partes, Dios no lo permita.

אלא הענין הוא, שבין ספירות א"ק בין ספירות עולם האצי־
לות . כלם הם מחודשות נתחדשו ממנו בחידוש גמור ולא
שיצאו ממנו, אלא שנתחדשו מאמתת עצמותו. ס ופירוש
הענין הוא כמו שכתבו הקדמונים, וכן איתא בתיקוני זוהר
חדש,

El asunto es que, ya sea en las sefirot de Adam Kadmon o en las sefirot del Mundo de *Atzilut*, Todos ellos son renovados, creados por Él como una renovación completa, y no que hayan salido de Él, sino que fueron renovados desde la verdad de Su esencia. Y la explicación del asunto es como escribieron los antiguos, y también está escrito en el *Tikunei Zohar Hadash*.

שהוא כמדליק נר מנר ואין הראשון חסר דבה. ורצו במשל
זה להודיענו שהספירות נמצאו ממנו ומכחו כמו נר המודלק
מנר . שהנר השני נמצא מכח הנר הראשון

Es como encender una vela con otra vela, y la primera no pierde nada. Con este ejemplo quieren enseñarnos que las sefirot provienen de él y de su poder, como una vela encendida por otra. La segunda vela existe por el poder de la primera.

וגם שהם מחודשות כמו שהנר השני מחודשת מציאות מחו־
דש וכן שאינם יוצאים מעצמותו אל אצילות, שהרי אמרו
ואין הראשון חסר דבר באלו השלשה עניינים המשילו המשל
הזה, והוא אמת קבוע לא יכזיב וכמו שהאריך בזה בספר
אלימה עין כל ת"א פ"ה, ות"ג פרק י"ד, ע"ש

Y también que ellas (las sefirot) son nuevas, como la
segunda vela es una nueva existencia. Y así como no
surgen de su esencia hacia la emanación (*atzilut*), porque dijeron que la primera vela no pierde nada. En estos
tres aspectos aplicaron esta metáfora, y es una verdad
firme que no puede fallar. Y como se explica extensa-
mente en el *Sefer Elimah*,[107] sección *Ayin Kol*, capítulo 5, y *Tav Gimel*, capítulo 14, véase allí.

---

107. Considerada la obra más profunda de Moisés Cordovero, dedicada especialmente a los *partzufim*.

UN DIÁLOGO ENTRE
SHEALTIEL Y IEHOYADA

א': הקדמת הויכוח

אחרי כן נתן שאלתיאל אל לבו לדעת חכמת הקבלה בשלי־
מותה

INTRODUCCIÓN AL DEBATE

Después de esto, Shealtiel puso en su corazón conocer
la sabiduría de la Cábala en su totalidad.

ומרוב תשוקתו לבא עד קצה, ולהגיע אל תכליתה, גמר בד־
עתו לעזוב זמן מה עיוניו בגפ"ת ובשאר דרכי הפשט ויסתר
באהלו ותהי אמון אצלו שעשועים יום יום הספרים העיקריים
שחוברו בזאת החכמה

debido a su gran anhelo de llegar hasta el final y alcanzar
su propósito, decidió dejar por un tiempo sus estudios
en el Talmud, la Guemarah y otros enfoques literales y
se encerró en su tienda. Y fueron su deleite constante,

día tras día, los libros principales que se escribieron sobre esta sabiduría.

קבלת הסופרים האמנם, מפני שלמד אותה מהספרים, ולא
מפי לא נמלט מכמה ספקות וקושיות, בדברים עתיקים, ובע-
נינים עמוקים להפקד ממנו כמה הצעות והקדמות, הצריכות
אל כל הבא ליכנס בפודים החכמות הרמות, כדי שלא יטעה
בהבנת כוונת דברי המקובלים, ויכין דרך

La cábala de los sabios, en efecto, debido a que la estudió a partir de los libros y no de boca (de un maestro), no estuvo exenta de varias dudas y dificultades respecto a temas antiguos y asuntos profundos. Esto resultó en la falta de varias proposiciones y fundamentos necesarios para cualquiera que desee entrar en los secretos de las altas sabidurías, a fin de no errar en la comprensión de la intención de las palabras de los cabalistas y preparar un camino.

ומה' היתה שומה כי בזמן מועט חפש באמתחות דעותיה,
ומשש את כל בליה, וידבק בהם לאהבה, ולא זז מחבבה, עד
שקראה חפצי בה: אורחותיהם, וצדק פינותיהם.

Y por designio de Dios, en poco tiempo examinó a fondo los tesoros de sus conceptos, exploró todos sus misterios, y se apegó a ellos con amor. No dejó de apreciarlos hasta que los llamó su deleite: sus caminos y la rectitud de sus fundamentos.

ס ואחר היותו נבוך בספקותיו ימים רצופים, ופוסח על שתי
הסעיפים, העיר ה' את רוחו לאמר

Y después de estar confundido en sus dudas durante
días consecutivos, vacilando entre dos caminos, el Señor
despertó su espíritu diciendo:

מדוע אתה יושב לבדך, והמון ספקות נצבים עליך, הלא אם
תרצה להבין החחמה הזאת על פי דרכה ומדותיה, ולהתענג
מזיו שדיה ומנחל עדניה

¿Por qué te sientas solo, mientras una multitud
de dudas te rodea? ¿Acaso no deseas comprender esta
sabiduría según su camino y sus principios, y deleitarte
con el esplendor de sus tesoros y el manantial de sus
delicias?

עשה לך רב, כי שיחך עמו יערב, והוא ירוה את צמאונך
ויאיר את עיניה כי תבוא חכמה בלבך, ודעת לנפשך ינעם.

Hazte de un maestro,[1] pues tu diálogo con él será
placentero, y él saciará tu sed y alumbrará tus ojos. Así,
la sabiduría llenará tu corazón, y el conocimiento será
grato para tu alma.

---

1. *Véase Pirkei Avoth* (I-6).

ובכן קם שאלתיאל וישם לדרך פעמיו, וילך לדרוש את ה'
בבית מדרשו של יהוידע, וכאשר קרב אצלו, פתח פיו וכה
אמר לו:

Entonces, Shealtiel se levantó y se puso en camino,
dirigiéndose a buscar al Señor en la casa de estudio de
Iehoiada. Cuando llegó ante él, abrió su boca y le dijo lo
siguiente:

ב': שאלתיאל

2. Shealtiel

הנה אנכי בא אליך יהוידע אחי, למען תדריכני באמתך, ותש־
קיני מימי בארך מקור מים חיים, בחקירת העניינים האלהיים,
הידועים ומבוארים אצלך, כי כל יקר ראתה עיניך בצדקתך
חייני, הורני ולמדני:

He aquí que vengo a ti, Iehoiada, mi hermano, para
que me guíes con tu verdad y me hagas beber de las
aguas de tu pozo, fuente de agua viva, en la investiga-
ción de los asuntos divinos, conocidos y esclarecidos
por ti, porque todo lo precioso han visto tus ojos. Con
tu justicia dame vida, guíame y enséñame:

ג': יהוידע

3. Iehoiada

מה לך איפוא אחי שאלתיאל, ומה הדבר הזה אשר ממני .
אתה מבקש ושואל.
הלא ממך לא יבצר מזימה, כי ראיתיך שוקד על דלתות החכ־
מה, ותמיד אתה מסתופף בצלה, והתורה חוזרת על אכסניא
שלה:

¿Qué te ocurre, pues, hermano Shealtiel, y qué es
esto que de mí pides y preguntas?

¿Acaso no está en tu poder todo plan, pues te he visto
esforzarte junto a las puertas de la sabiduría, y siempre
te refugias a su sombra, y la *Torah* regresa a su hospedaje?

ד': שאלתיאל

4. Shealtiel

ידיע להוי לך מלכא, כי בהיותי חושק לדעת חכמת הקבלה,
פרצתי את גדרה, כי נכנסתי ללמוד בה בלי מלמד ומשפיע ס
ובבואי ברוב דבקי ודפקי, הקרה ה' לפני הרבה ספרים, מזהב
ומפז יקרים ס ולא שקטתי ולא נחתי, עד שיגעתי ומצאתי
בהם דברים חשובים ומועילים מאד ואענדם עטרות לי.

Has de saber, oh rey, que al desear conocer la sabiduría de la Cábala, rompí su cerco, pues entré a estudiarla
sin maestro ni guía.

Y al llegar con mi gran esfuerzo y persistencia, el Eterno puso ante mí muchos libros, más valiosos que el oro y las piedras preciosas.

No descansé ni me detuve hasta que me esforcé y encontré en ellos cosas importantes y muy útiles, y las coroné como diademas para mí.

וידעתי נאמנה, כי בלעדה לא יוכל האדם להבין עיקרי יסודות האמונה, ורק מתוכה יבא לידע ם שהאלוה הוא גבוה מעל גבוה, מרוחק מהגשמות ומכל החסרונות ם ומכלל יחודו הר־ חקת התוארים מעליו ס ואיך יובנו התוארים והאברים הכתו־ בים בתורה.

Y sé con certeza que sin ella, el hombre no puede comprender los principios fundamentales de la fe, y solo a través de ella llegará a saber que Dios es elevado sobre lo elevado, distante de la materialidad y de todas las carencias. Parte de Su unicidad es la negación de los atributos en Él, y cómo se deben entender los atributos y los miembros mencionados en la *Torah*.

ומתועליותיה לעבדו בלב שלם ובנפש חפצה . כי היודע בו־ ראו, יעבדנו עבודה אמיתית, ועל כן אמר דוד המלך ע"ה, דע את אלהי אביך ועבדהו.

Y de sus beneficios está el servirle con un corazón pleno y un alma dispuesta, porque quien conoce a su Creador le servirá con un servicio verdadero.

Por ello dijo el rey David, la paz sea con él: «Conoce al Dios de tu padre y sírvele».

ובה ימצא האדם כל מיני מוסר השכל, לא יחסר כל בה מההנהגות הטובות, עד שהעוסק בה לשמה ממלא לבו יראת שמים ויראת חטא, ויוסיף אומץ בעבודה.

Y en ella encontrará el hombre todo tipo de enseñanzas morales; no le faltará nada de las buenas conductas, hasta que quien se ocupa de ella por su propio mérito llena su corazón de temor al cielo y temor al pecado, y aumenta su fortaleza en el servicio.

ומתועליותיה ידיעת שמותיו היקרים אשר בספרי הקדש הם מוזכרים.   ומתועליותיה עוד להבין טעמי המצות וסתרי התורה וסוד האותיות קטנות וגדולות, וכתיב ולא קרי, וקרי ולא כתיב וסוד החסרות והיתרות באותיות

Y de sus beneficios está el conocimiento de Sus nombres preciosos que se mencionan en los libros sagrados. Y otro de sus beneficios es comprender las razones de los preceptos y los secretos de la *Torah,* así como el misterio de las letras pequeñas y grandes, de lo escrito pero no leído, de lo leído pero no escrito, y el secreto de las letras faltantes y sobrantes.

כגון כי ששת ימים עשה ה' את השמים, וכן ושמי ה' לא נו־
דעתי להם, ה כי שניהם בחסרון אות בי"ת לפי פשט הכתוב
ורבים כאלה לאין מספר אשר בעלי הפשט גורעין ומוסיפין
אותיות ותיבות כדי להבין פשט הכתוב.

Por ejemplo: «Porque en seis días hizo el Señor los
cielos»[2] y «Y por Mi nombre, el Señor, no Me di a conocer a ellos»,[3] ambos carecen de la letra *Beth* según el
sentido literal del texto.

Y hay muchos otros casos innumerables en los que
los intérpretes literales añaden o quitan letras y palabras
para comprender el sentido literal del texto.

והדברים בעצמם על דרך האמת הם שלמים, בלי תוספת וג־
רעון. ומהתדליותיה בענין השגחה, להבין איך האון הנהגים
פורום שאין בו שום רבוי משום צד כלל, הוא יודע ומשגיח
ביושר הנהגתו פרטי העניינים. ומתועליותיה בסודות הנפש
לדעת מציאותה ולמה הוצרכה לבא ל לעולם

Y las cosas mismas, según la verdad, son completas,
sin añadir ni quitar nada.

Y entre sus beneficios está en el tema de la providencia, entender cómo el Poder que dirige el universo, que
no tiene multiplicidad alguna en ningún aspecto, sabe y
supervisa con rectitud los detalles de los asuntos.

2. *Véase Éxodo* (XX-11).
3. *Véase Éxodo* (VI-3).

Y entre sus beneficios, en los secretos del alma, está el conocer su existencia y por qué tuvo que venir al mundo.

הזה להתלבש בגוף, ושכרה ועונשה איך הוא. ומכלל זה, ידי־
עת סודות הגלגול והעיבור של הנפשות, ואיך יקומו בגופים
שונים בעת התחייה:

Esto, para revestirse en el cuerpo, su recompensa y su castigo, cómo son.

Y parte de ello es el conocimiento de los secretos de la reencarnación y la impregnación de las almas, y cómo resucitarán en cuerpos distintos en el momento de la resurrección.

וסוף דבר, הנה החכמה הזאת היא באמת אורח חיים ונשמ־
תא דאורייתא להבין אמיתות כוונת התורה, ולהשכיל מאמרי
רז"ל בהגדות, המשבשות את הדעות של הפשטנים ס וכל מי
שלא ראה אור החכמה הזאת, לא ראה מאורות מימיו • וכל
הפורש ממנה, כפורש מן החיים הנצחיים:

Y en conclusión, esta sabiduría es verdaderamente el camino de la vida y el alma de la *Torah*, para comprender la verdad de la intención de la *Torah* y para entender las palabras de nuestros sabios, de bendita memoria, en las *agadot*, que confunden las opiniones de los literalistas.

Y todo aquel que no ha visto la luz de esta sabiduría, no ha visto la verdadera luz en su vida.

Y quien se aparta de ella, es como quien se aparta de la vida eterna.

אבל אמנם, יש לי בה ספקות רבות, אשר בעיקרי האמו־
נה הם סובבות לא יכולתי לצאת ולבא בהתרתם, מפני קוצר
דעתי ועומק דקותם.

Sin embargo, tengo en ella muchas dudas que giran en torno a los principios de la fe, y no he podido entrar y salir en su resolución debido a la limitación de mi entendimiento y a la profundidad de su sutileza.

על כן וארש״י אר״ש מאפליה, ותוציאני לרויה ויצאתי לק־
ראתך, לשחר פניך ולבקש מלפניך שתאיר מחשכי שכלי

Por ello, clamé desde la oscuridad y dije: «Sácame a la claridad», y salí a tu encuentro,[4] para buscar tu favor y pedirte que ilumines las sombras de mi entendimiento.

כי ראיתי בני עליה והנם מועטים, המבינים בעצם אמיתות
החכמה, רק אותך ידעתי, נשאת ונתת באמונה, לקיים מה
ששנינו בספר יצירה ם הבן בחכמה וחכם בבינה, בחון בהם
וחקור מהם, והעמד דבר על בריו, והושב יוצר על מכונו

Porque he visto que los hombres elevados son pocos, aquellos que comprenden la verdadera esencia de la sabi-

_____
4. *Véase Proverbios* (VII-15).

duría. Sólo a ti he conocido, que has actuado con fidelidad, cumpliendo lo que se enseñó en el *Sefer Yetzirah*:[5]

«Comprende con sabiduría y sé sabio con entendimiento; examina con ellos, investiga a partir de ellos, establece cada asunto en su base y haz que el Creador vuelva a su fundamento».

---

5. *Véase Sefer Yetzirah* (I-4).

ÍNDICE

Una aureola de misterio ha rodeado desde siempre a la Cábala, con lo cual poca gente sabe a qué se refiere realmente esta palabra misteriosa. Pero la cábala no es tan misteriosa: es la tradición esotérica de los judíos vehiculada por la Torá y sus comentarios.

La Cábala permite leer entre líneas, desentrañando el sentido oculto del texto sagrado, sacando a la luz sus enseñanzas más secretas. Es una lectura «a destellos» porque según la Cábala es ver a Dios, estar con Él, acariciarlo, rezarle. Las letras y palabras son infinitas.

Leerlas es un acto creador que les infunde nueva vida y las conduce a una zona de trascendencia. Ser lector es colocarse en esa zona.

En el presente libro, el autor hace una exposición sencilla pero rigurosa de los principios y métodos de la Cábala al alcance de todos los públicos, así como de sus textos principales: el Zohar, el Bahir y el Sefer Yetzirah.